日本語能力試験
JLPT
Japanese-Language Proficiency Test

公式問題集 N4

国際交流基金

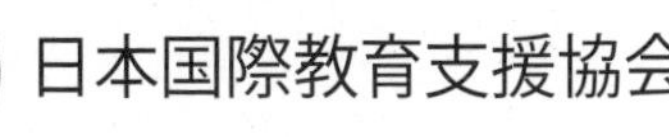

日本国際教育支援協会

にほんごの
凡人社
BONJINSHA

はじめに

日本語能力試験は、日本語を母語としない人の日本語能力を測定し認定する試験として、国際交流基金と日本国際教育協会（現日本国際教育支援協会）が 1984 年に開始しました。以来、関係者の皆様のご支援を得て、日本語能力試験は世界最大規模の日本語の試験に成長しました。1984 年には 15 か国で実施され、約 7,000 人が受験しましたが、2011 年には 62 か国・地域で実施され、約 61 万人が受験しています。

日本語能力試験は近年、さまざまな変化を経て現在に至っています。2009 年には、それまで 12 月に年 1 回実施していた試験を、7 月と 12 月の年 2 回としました。また、2010 年には、2005 年から多くの専門家のご協力を得て進めてきた試験の改定作業が完了し、新しい「日本語能力試験」を開始しました。現在までにすでに 4 回の試験を実施し、世界中で延べ約 122 万人が受験しています。

試験の改定内容については、2009 年に、『新しい「日本語能力試験」ガイドブック』と『新しい「日本語能力試験」問題例集』としてまとめ、公開しました。それに続き、このたび、受験者と関係者の皆様のより一層の便宜をはかるため、問題集を発行することにしました。

本書の構成・内容は次のとおりです。

1．問題集は、「Ｎ１」、「Ｎ２」、「Ｎ３」、「Ｎ４」、「Ｎ５」の 5 冊に分かれています。

2．試験問題は、今の試験 1 回分に相当する数で構成されています。試験の練習に使えるよう、問題用紙の表紙と解答用紙のサンプルを掲載しています。

3．聴解の試験問題用のＣＤを添付しています。また試験問題の後にスクリプト（音声を文字にしたもの）を掲載しています。

4．『新しい「日本語能力試験」ガイドブック』公開以後の情報を含む、今の試験についての最新情報を、「3　日本語能力試験の概要」として掲載しています。

この問題集が、国内外の多くの日本語学習者の助けとなれば幸いです。

2012 年 3 月

独立行政法人　国際交流基金　　　公益財団法人　日本国際教育支援協会

目　次

1

試験問題（しけんもんだい）

N4

げんごちしき (もじ・ごい)

(30ぷん)

ちゅうい
Notes

1. しけんが　はじまるまで、この　もんだいようしを　あけないで　ください。
Do not open this question booklet until the test begins.

2. この　もんだいようしを　もって　かえる　ことは　できません。
Do not take this question booklet with you after the test.

3. じゅけんばんごうと　なまえを　したの　らんに、じゅけんひょうと　おなじように　かいて　ください。
Write your examinee registration number and name clearly in each box below as written on your test voucher.

4. この　もんだいようしは、ぜんぶで　9ページ　あります。
This question booklet has 9 pages.

5. もんだいには　かいとうばんごうの　1、2、3 … が　あります。かいとうは、かいとうようしに　ある　おなじ　ばんごうの　ところに　マークして　ください。
One of the row numbers 1, 2, 3 … is given for each question. Mark your answer in the same row of the answer sheet.

じゅけんばんごう　Examinee Registration Number	

なまえ　Name	

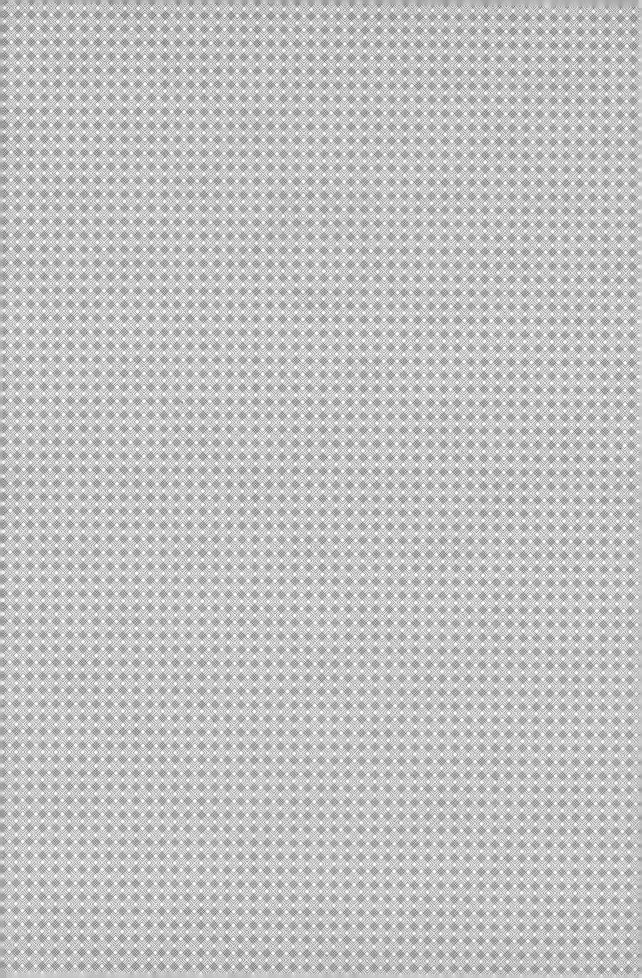

もんだい1 ＿＿＿の ことばは ひらがなで どう かきますか。
1・2・3・4から いちばん いい ものを ひとつ えらんで ください。

（例）（れい） わたしの せんもんは 文学です。

1 いがく　　2 かがく　　3 ぶんがく　　4 すうがく

（かいとうようし）

（例）（れい）	① ② ● ④

---

1 くつに 石が 入って いました。

1 いし　　2 すな　　3 くさ　　4 えだ

2 にほんで いろいろな 経験を しました。

1 けいけん　　2 けいげん　　3 けけん　　4 けげん

3 店員に トイレが どこに あるか 聞きました。

1 てにん　　2 てんにん　　3 ていん　　4 てんいん

4 きょうは 食堂が こんで いました。

1 しゅくど　　2 しょくどう　　3 しょくど　　4 しゅくどう

5 この まどから 港が 見えます。

1 うみ　　2 みなと　　3 みずうみ　　4 いけ

6 この 小説は おもしろかったです。

1 しょせつ　　2 しょぜつ　　3 しょうせつ　　4 しょうぜつ

7 まいばん 日記を 書いて います。

1 にっき　　2 にちき　　3 にっきい　　4 にちきい

8 夕方、雨が ふりました。

1 ゆうほう　　2 ゆうがた　　3 ゆほう　　4 ゆがた

9 もうすぐ　<u>秋</u>ですね。

1　ふゆ　　2　なつ　　3　はる　　4　あき

もんだい２　＿＿＿の　ことばは　どう　かきますか。１・２・３・４から　いちばん　いい　ものを　ひとつ　えらんで　ください。

（例）　ふねで　にもつを　おくります。

１　近ります　　２　逆ります　　３　辺ります　　４　送ります

（かいとうようし）　| （例） | ①　②　③　● |

10　すずきさんは　あおい　シャツを　きて　います。

１　青い　　２　黒い　　３　赤い　　４　白い

11　かいぎの　ばしょを　おしえて　ください。

１　揚所　　２　場所　　３　揚所　　４　場所

12　わたしの　いえは　えきから　あるいて　５分です。

１　走いて　　２　走いて　　３　歩いて　　４　歩いて

13　ちかてつが　できて　べんりに　なりました。

１　便利　　２　便理　　３　便理　　４　便利

14　とても　ねむかったので、コーヒーを　飲みました。

１　眠むかった　　２　眠かった　　３　眠むかった　　４　眠かった

15　きょうは　ゆきが　ふって　います。

１　雪　　２　電　　３　雷　　４　雲

もんだい3　（　　）に　なにを　いれますか。1・2・3・4から　いちばん　いい　ものを　ひとつ　えらんで　ください。

(例) スーパーで　もらった（　　）を　見ると、何を　買ったか　わかります。

1　レジ　　2　レシート　　3　おつり　　4　さいふ

（かいとうようし）

(例)	① ● ③ ④

16　けさ　せんたくした　ふくが　まだ（　　）いません。

1　ひえて　　2　なおって　　3　ぬれて　　4　かわいて

17　スミスさんは　いつも（　　）べんきょうして　います。

1　だいじに　　2　たいせつに　　3　ねっしんに　　4　まっすぐに

18　わたしは　にほんの　まんがに（　　）が　あります。

1　きぶん　　2　きょうみ　　3　こころ　　4　しゅみ

19　わたしは　テニスの（　　）を　よく　しりません。

1　アイディア　　2　ルール　　3　あんない　　4　せつめい

20　りょこうの　にもつは　もう（　　）できましたか。

1　やくそく　　2　りよう　　3　せわ　　4　ようい

21　おとうとと（　　）して　母に　あげる　プレゼントを　えらびました。

1　さんせい　　2　あいさつ　　3　そうだん　　4　へんじ

22　この　にもつを　あそこに（　　）ください。

1　はこんで　　2　つたえて　　3　ひろって　　4　むかえて

23 この　きかいは　つかいかたを　まちがえると　とても（　　　）です。

1　けっこう　　2　きけん　　3　じゆう　　4　あんぜん

24 入口の　前には　車を（　　　）ください。

1　やめないで　　2　しめないで　　3　とめないで　　4　きめないで

もんだい4 ＿＿＿の　ぶんと　だいたい　おなじ　いみの　ぶんが　あります。
1・2・3・4から　いちばん　いい　ものを　ひとつ　えらんで　ください。

（例）<u>でんしゃの　中で　さわがないで　ください。</u>

1　でんしゃの　中で　ものを　たべないで　ください。

2　でんしゃの　中で　うるさく　しないで　ください。

3　でんしゃの　中で　たばこを　すわないで　ください。

4　でんしゃの　中で　きたなく　しないで　ください。

（かいとうようし）　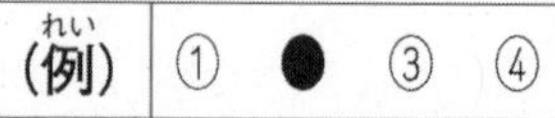

25　<u>バスが　しゅっぱつしました。</u>

1　バスが　とまりました。

2　バスが　つきました。

3　バスが　でました。

4　バスが　まがりました。

26　<u>もっと　ていねいに　かいて　ください。</u>

1　もっと　おおきく　かいて　ください。

2　もっと　きれいに　かいて　ください。

3　もっと　ふとく　かいて　ください。

4　もっと　かんたんに　かいて　ください。

27　<u>あには　えが　うまいです。</u>

1　あには　えが　じょうずです。

2　あには　えが　きらいです。

3　あには　えが　へたです。

4　あには　えが　すきです。

28 <u>きのうは　ねぼうしました。</u>

1　きのうは　ねるのが　おそく　なって　しまいました。

2　きのうは　はやく　ねて　しまいました。

3　きのうは　おきるのが　おそく　なって　しまいました。

4　きのうは　はやく　おきて　しまいました。

29 <u>たなかさんは　先生に　ほめられました。</u>

1　先生は　たなかさんに「気を　つけてね」と　言いました。

2　先生は　たなかさんに「とても　よかったですよ」と　言いました。

3　先生は　たなかさんに「ちょっと　休みましょう」と　言いました。

4　先生は　たなかさんに「たいへんですね」と　言いました。

**もんだい5　つぎの　ことばの　つかいかたで　いちばん　いい　ものを
1・2・3・4から　ひとつ　えらんで　ください。**

（例）　すてる

1　へやを　ぜんぶ　すてて　ください。

2　ひどい　ことを　するのは　すてて　ください。

3　ここに　いらない　ものを　すてて　ください。

4　学校の　本を　かばんに　すてて　ください。

（かいとうようし）　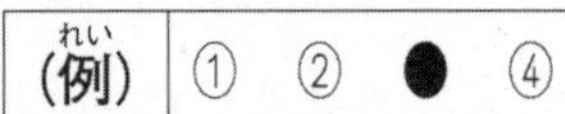

（例）	① ② ● ④

30　るす

1　さいきん　いそがしくて、しごとが　るすに　なりません。

2　あの　デパートは　きょうは　るすです。

3　この　ひこうきには　るすの　せきが　ありません。

4　ともだちの　いえに　行ったら　るすでした。

31　しんせつ

1　この　りょうりは　からだに　とても　しんせつですよ。

2　コンビニは　何でも　買えるので　とても　しんせつです。

3　この　びょういんの　おいしゃさんは　とても　しんせつですよ。

4　わたしの　母は　にわの　花に　とても　しんせつです。

32　にがい

1　かぜを　ひいたので、こえが　にがいです。

2　くらい　みちを　一人で　あるくのは　にがいです。

3　にもつが　おもかったので、うでが　にがいです。

4　この　くすりは　とても　にがいです。

33 わる

1　おさらを　おとして、<u>わって</u>　しまいました。

2　しんぶんを　<u>わって</u>、かばんに　入れました。

3　ようふくを　<u>わって</u>、母に　おこられました。

4　この　ジャムを　三本の　びんに　<u>わって</u>　ください。

34 ちこく

1　あの　とけいは　ちょっと　<u>ちこく</u>して　います。

2　じゅぎょうに　<u>ちこく</u>して　すみません。

3　10時の　でんしゃに　<u>ちこく</u>して　しまいました。

4　れんらくが　<u>ちこく</u>して　すみません。

N4

言語知識（文法）・読解

（60分）

注　意
Notes

1. 試験が始まるまで、この問題用紙を開けないでください。
Do not open this question booklet until the test begins.
2. この問題用紙を持って帰ることはできません。
Do not take this question booklet with you after the test.
3. 受験番号と名前を下の欄に、受験票と同じように書いてください。
Write your examinee registration number and name clearly in each box below as written on your test voucher.
4. この問題用紙は、全部で15ページあります。
This question booklet has 15 pages.
5. 問題には解答番号の 1 、 2 、 3 … があります。
解答は、解答用紙にある同じ番号のところにマークしてください。
One of the row numbers 1, 2, 3 … is given for each question. Mark your answer in the same row of the answer sheet.

受験番号　Examinee Registration Number	

名 前　Name	

もんだい1　（　　）に　何を　入れますか。1・2・3・4から　いちばん　いい　ものを　一つ　えらんで　ください。

（例）　わたしは　毎朝　新聞（　　）読みます。

1　が　　2　の　　3　を　　4　で

（解答用紙）　（例）　①　②　●　④

1　わたしの　父は　中国語も　英語（　　）話せます。

1　を　　2　で　　3　も　　4　が

2　これは　わたしが　米（　　）作った　パンです。

1　に　　2　の　　3　や　　4　で

3　男の子の　顔は　父親より　母親（　　）にると　いう　話を　聞いた。

1　に　　2　へ　　3　も　　4　を

4　妹は　おしゃべりだ。静かなのは、食事の　とき（　　）だ。

1　しか　　2　だけ　　3　は　　4　の

5　A「誕生日に　田中さんから　何を　もらったんですか。」

B「田中さん（　　）腕時計を　もらいました。」

1　からが　　2　からに　　3　からで　　4　からは

6　（会社で）

A「すみません、山田さんは　どこですか。」

B「山田さんは　会議中ですが、会議は　11時半（　　）終わると　思いますよ。」

1　までは　　2　までには　　3　までも　　4　までにも

文法

7　学生「先生、この　言葉（ことば）は　（　　　）　意味（いみ）ですか。」

先生「『やさしい』と　いう　意味（いみ）です。」

1　どうやって　　2　どのぐらい　　3　どういう　　4　どう

8　チャン「古川（ふるかわ）さん、この　じゅぎょうの　レポート、終（お）わりましたか。」

古川（ふるかわ）「はい、一週間　かかりましたが、きのうの　夜（よる）、（　　　）終（お）わりました。」

1　やっと　　2　ずっと　　3　もっと　　4　きっと

9　A「あした　いっしょに　ドライブに　行きませんか。」

B「（　　　）、ごめんなさい、あしたは　アルバイトが　あるんです。」

1　行きたいから　　2　行きたいけれど

3　行きたいし　　4　行きたくて

10　子ども「ねえ、ゲームを　しても　いい？」

母親（ははおや）「しゅくだいを　（　　　）　あとでね。」

1　していた　　2　している　　3　する　　4　した

11　この　すいかは　（　　　）　すぎて、れいぞうこに　入らない。

1　大き　　2　大きい　　3　大きく　　4　大きくて

12　A「誕生日（たんじょうび）　おめでとうございます。これ、プレゼントです。どうぞ。」

B「ありがとうございます。大切（たいせつ）に　（　　　）。」

1　します　　2　います　　3　なります　　4　あります

13　A「きのうは　ひっこしを　（　　　）、どうも　ありがとうございました。」

B「いいえ、どういたしまして。」

1　手伝（てつだ）って　　2　手伝（てつだ）ったので

3　手伝（てつだ）って　くれて　　4　手伝（てつだ）ったから

14 今日、わたしは　えんぴつと　消しゴムを　忘れたので、となりの　人に
貸して（　　　）。

1　やりました　　　　2　あげました
3　くれました　　　　4　もらいました

15 わたしの　本だなには（　　　）読んで　いない　まんがが　たくさん
あります。

1　買うあいだ　　　　2　買ったまま
3　買いそうで　　　　4　買って　いる

文法

もんだい2 ＿★＿に 入る ものは どれですか。1・2・3・4から いちばん いい ものを 一つ えらんで ください。

（問題例）

つくえの ＿＿＿ ＿＿＿ ＿★＿ ＿＿＿ あります。

1 が　　2 に　　3 上　　4 ペン

（答え方）

1．正しい 文を 作ります。

つくえの ＿＿＿ ＿＿＿ ＿★＿ ＿＿＿ あります。

3 上　2 に　4 ペン　1 が

2．＿★＿に 入る 番号を 黒く 塗ります。

（解答用紙）　（例）①②③●

16 A「コンサートには もう 間に合わないですね。」

B「今すぐ ＿＿＿ ＿＿＿ ＿★＿ ＿＿＿ 行こう。」

1 タクシーに　　2 タクシーで

3 間に合うかもしれないから　　4 乗れば

17 山田「田中さん、これから 食事でも どうですか。」

田中「すみません。ちょうど ＿＿＿ ＿＿＿ ＿★＿ ＿＿＿ です。」

1 なん　　2 ところ　　3 食べた　　4 今

18 A「あしたは　大事な　おきゃくさまに　会うから、＿＿＿　＿＿＿　＿★＿　＿＿＿　いけませんよ。」

B「わかりました。あしたは　新しい　くつを　はいて　来ます。」

1　くつ　　2　は　　3　そんな　　4　で

19 今日は、風が　＿＿＿　＿＿＿　＿★＿　＿＿＿　出かけたくない。

1　し　　2　だから　　3　寒そう　　4　強い

20 田中「山田さん。東京の　大学に　行く　ことを、もう　ご両親に　話しましたか。」

山田「いいえ。でも、もし　両親に　＿＿＿　＿＿＿　＿★＿　＿＿＿　つもりです。」

1　反対　　2　する

3　東京で　勉強　　4　されても

文法

もんだい３　[21] から [25] に　何を　入れますか。文章の　意味を　考えて、１・２・３・４から　いちばん　いい　ものを　一つ　えらんで　ください。

下の　文章は　「家族」に　ついての　作文です。

文法

「ポチ」

林　明

わたしの　家には　「ポチ」と　いう　名前の　犬が　います。一か月前に　父が　もらって　きました。わたしたちは　ポチを　家の　中で　[21]。ポチが　好きな　ところは　テレビの　前の　ソファーです。ポチは　とても　かわいいのですが、何でも　かむので　少し　こまって　います。先週は　本当に　こまりました。ポチが　父の　けいたいでんわを　[22]　からです。

わたしは　兄弟が　いないので、ずっと　さびしかったです。しかし、ポチを　かってからは、[23]。わたしたちは　いつも　いっしょです。ポチは　わたしが　家を　出る　とき、いつも　げんかんまで　出て　きます。[24]、元気が　ない　ときは、そばに　来て　くれます。ポチ　[25]　わたしたちの　大切な　家族の　一員です。

21

1　かうでしょう　　　2　かって　います
3　かって　いますか　　4　かって　いました

22

1　こわした　ところだ　　2　こわされて　いる
3　こわして　しまった　　4　こわされた

23

1　さびしく　なります
2　さびしく　なくなりました
3　さびしく　なるかもしれません
4　さびしく　なくなったそうです

24

1　それに　　2　たとえば　　3　だから　　4　それなら

25

1　が　　2　で　　3　と　　4　は

もんだい４　つぎの(1)から(4)の文章を読んで、質問に答えてください。答えは、１・２・３・４から、いちばんいいものを一つえらんでください。

(1)

アリさんの机の上に、このメモと本が置いてあります。

アリさん

アリさんから借りた本を置いておきます。ありがとうございました。

アリさんが借りたいと言っていた本も、一緒に置きます。重いので、今日は２冊しか持ってきませんでした。来週、ほかの３冊を持ってきます。

石川

26　石川さんは、来週、何をすると言っていますか。

1　アリさんに本を２冊返します。

2　アリさんに本を３冊返します。

3　アリさんに本を２冊貸します。

4　アリさんに本を３冊貸します。

(2)

公園（こうえん）の入り口に、このお知らせがあります。

公園（こうえん）で遊（あそ）ぶときの注意

◆ 公園（こうえん）が開いている時間は、午前６時から午後９時です。これ以外の時間は入れません。

◆ 自転車やオートバイは、公園（こうえん）の入り口にとめてください。中に入れてはいけません。

◆ 公園（こうえん）の中で、次（つぎ）のことをしてはいけません。

・ ボールを使って遊（あそ）ぶこと

・ たばこを吸（す）うこと

27 このお知らせから、公園（こうえん）についてわかることは何ですか。

1 午後10時に公園（こうえん）に入ってもいいです。

2 入り口にオートバイをとめてはいけません。

3 サッカーの練習（れんしゅう）をしてはいけません。

4 たばこを吸（す）ってもいいです。

(3)

これは、山田先生からトムさんに届いたメールです。

トムさん

明日（30日）の約束ですが、会議に出なければならなくなりました。
それで、すみませんが、約束を31日の午後３時に変えられませんか。
トムさんの都合がよければ、オフィスで待っています。
このメールを読んだら、返事をください。

山田

---

28 トムさんは、山田先生に何を知らせなければなりませんか。

1　約束を明日に変えられるかどうか

2　約束をあさってに変えられるかどうか

3　トムさんの明日の午後の都合

4　トムさんのあさっての午前の都合

(4)

石田さんは、川下図書館で働いています。本についての相談を受けたり、どこにどの本を置くのがいいか考えたりします。それから、図書館の新聞によい本の紹介文を書いたり、小さな子どもたちに絵本を読んだりします。

29 石田さんの仕事ではないものはどれですか。

1 相談に来た人に本について紹介します。

2 本を置く場所はどこがいいか、考えます。

3 新聞にのっている、よい本の紹介文をさがします。

4 小さな子どもたちに、いろいろな絵本を読みます。

もんだい５　つぎの文章を読んで、質問に答えてください。答えは、
１・２・３・４から、いちばんいいものを一つえらんでください。

今年の夏、わたしは家族で山の中にある①ホテルに泊まりました。

駅からホテルの近くのバス停まで、バスで２時間以上かかりました。バス停からホテルまでは、細い道を30分近く歩きました。ホテルは小さくて古かったですが、中はとてもきれいでした。ホテルに着くと、息子は「テレビが見たい。」「ゲームがしたい。」と言いました。しかし、このホテルにはどちらもありません。それから、冷蔵庫もエアコンもありません。このホテルは便利ではありませんでしたが、山や湖でいろいろなことができました。

部屋に荷物を置いて窓を開けると、湖から涼しい風が入ってきました。少し休んでから、まだ明るかったので、散歩に出かけました。空気がおいしくて、景色も美しかったです。夜は、星がとてもきれいでした。ホテルにいる間は毎日、みんなで散歩をしたり、湖で泳いだり、虫をとったり、昼寝をしたりしました。

ホテルには１週間いました。わたしたちは「楽しかったね。②こんな生活もたまにはいいね。」と話しながら、家に帰りました。

30　どんな①ホテルに泊まりましたか。

1　山の中の大きなホテル
2　古いが、中はきれいなホテル
3　テレビやゲームが楽しめるホテル
4　いろいろなものがあって、便利なホテル

31　駅からホテルまでどうやって行きましたか。

1　駅から30分バスに乗って、バス停から２時間以上歩きました。
2　駅から30分バス停まで歩いて、バスに２時間以上乗りました。
3　駅から２時間近くバスに乗って、バス停から30分以上歩きました。
4　駅から２時間以上バスに乗って、バス停から30分近く歩きました。

32 ホテルに着いてから、何をしましたか。

1　部屋に行かないで、すぐに湖に行きました。

2　部屋に行って、夜までずっと休みました。

3　部屋でテレビを見てから、星を見に外へ出ました。

4　部屋で少し休んでから、散歩に行きました。

33 ②こんな生活とありますが、どんな生活ですか。

1　山で遊んだり、昼寝をしたりする生活

2　ゲームをしたり、虫をとったりする生活

3　散歩をしたり、テレビを見たりする生活

4　おいしいものを食べて、何もしない生活

もんだい６　右のページの「スポーツ教室」のお知らせを見て、下の質問に答えてください。答えは、１・２・３・４から、いちばんいいものを一つえらんでください。

34　自転車を借りて乗りたい人は、いくら払わなければなりませんか。

1　ただ

2　100円

3　200円

4　300円

35　バスケットボールのルールや、やり方を習ってから試合に出たい人は、まずどうしなければなりませんか。

1　10:00までに受付に行きます。

2　10:00までに体育館に行きます。

3　13:00までに受付に行きます。

4　13:00までに体育館に行きます。

あおぞら一日スポーツ教室

5月29日（日）10:00～17:00
場所　あおぞら運動場

「あおぞら一日スポーツ教室」では、いろいろなスポーツのルールや、やり方を先生が教えます。みんなでスポーツを楽しみましょう。

	スポーツ	時間	場所	お金
①	ジョギング	10:00～12:00	第1運動場	ただ
	自転車	13:30～17:00	第1運動場	ただ※
	水泳	10:00～17:00	プール	300円
②	サッカー	10:00～17:00	第2運動場	100円
	バスケットボール	10:00～17:00	体育館	100円

※注意　自転車を借りる人は200円かかります。

①ジョギング、自転車、水泳
　好きな時間に始めることができます。
②サッカー、バスケットボール
　午前：ルールや、やり方を先生が教えます。
　　　サッカーは第2運動場、バスケットボールは体育館に、10:00までに来てください。
　午後：グループで試合をします。
　　　受付に13:00までに来てください。
　　　初めてサッカーやバスケットボールをする人は、ぜひ午前の教室から来てください。

あおぞら運動場
電話：012-345-6789

問題用紙

N4

聴解

(35分)

注意
Notes

1. 試験が始まるまで、この問題用紙を開けないでください。
Do not open this question booklet until the test begins.

2. この問題用紙を持って帰ることはできません。
Do not take this question booklet with you after the test.

3. 受験番号と名前を下の欄に、受験票と同じように書いてください。
Write your examinee registration number and name clearly in each box below as written on your test voucher.

4. この問題用紙は、全部で15ページあります。
This question booklet has 15 pages.

5. この問題用紙にメモをとってもいいです。
You may make notes in this question booklet.

受験番号 Examinee Registration Number	

名前 Name	

もんだい１

もんだい１では、まず　しつもんを　聞いて　ください。それから　話を聞いて、もんだいようしの　１から４の　中から、いちばん　いい　ものを　一つえらんで　ください。

れい

1　ぎゅうにゅう　１本だけ
2　ぎゅうにゅう　１本と　チーズ
3　ぎゅうにゅう　２本だけ
4　ぎゅうにゅう　２本と　チーズ

1ばん

2ばん

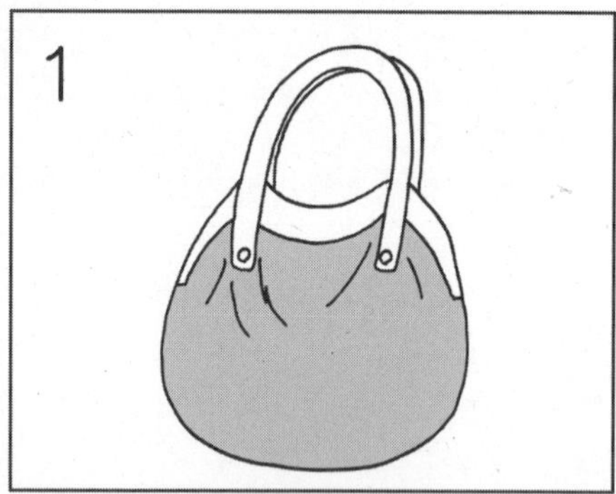

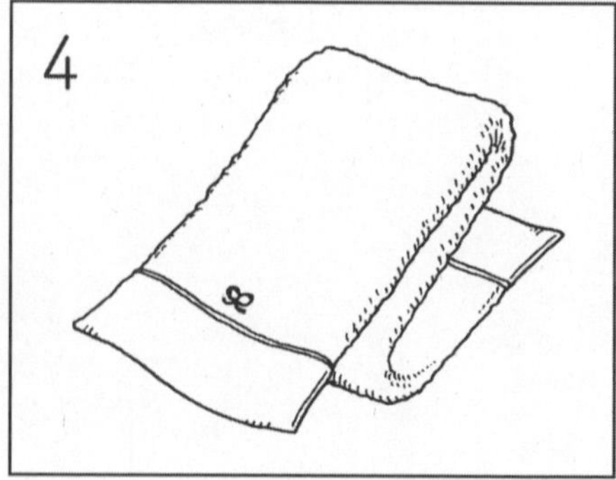

3ばん

1　2まい

2　4まい

3　5まい

4　6まい

4ばん

1　アイ

2　アエ

3　イウ

4　イエ

5ばん

聴解

6ばん

7ばん

1　8時半に　きょうしつ

2　8時半に　たいいくかんの　前

3　9時に　きょうしつ

4　9時に　たいいくかんの　前

8ばん

1　あかと　きいろ

2　あかと　しろ

3　あおと　きいろ

4　あおと　しろ

もんだい 2

もんだい２では、まず　しつもんを　聞いて　ください。そのあと、もんだいようしを　見て　ください。読む　時間が　あります。それから　話を聞いて、もんだいようしの　１から４の　中から、いちばん　いい　ものを　一つえらんで　ください。

れい

1　へやが　せまいから

2　ばしょが　ふべんだから

3　たてものが　古いから

4　きんじょに　ともだちが　いないから

1ばん

1　りょうしん

2　あね

3　いもうと

4　おとうと

2ばん

1　今(いま)すぐ

2　今日(きょう)の　4時(じ)

3　今日(きょう)の　6時(じ)

4　あしたの　ひる

3ばん

1　りょこうに　行きたいから

2　デパートで　かいものが　したいから

3　日本人の　はたらきかたが　しりたいから

4　日本語の　べんきょうが　したいから

4ばん

1　かようび

2　すいようび

3　もくようび

4　きんようび

5ばん

1　ぜんぜん　読(よ)まない

2　月(つき)に　1さつ　読(よ)む

3　月(つき)に　3さつ　読(よ)む

4　月(つき)に　10さついじょう　読(よ)む

6ばん

1　小学校(しょうがっこう)の　先生(せんせい)

2　ピアニスト

3　けいさつかん

4　かんごし

7ばん

1　10時

2　10時10分

3　10時20分

4　10時30分

もんだい 3

もんだい 3 では、えを　見(み)ながら　しつもんを　聞(き)いて　ください。

➡（やじるし）の　人(ひと)は　何(なん)と　言(い)いますか。1 から 3 の　中(なか)から、いちばん　いい　ものを　一(ひと)つ　えらんで　ください。

れい

1ばん

2ばん

3ばん

4ばん

5ばん

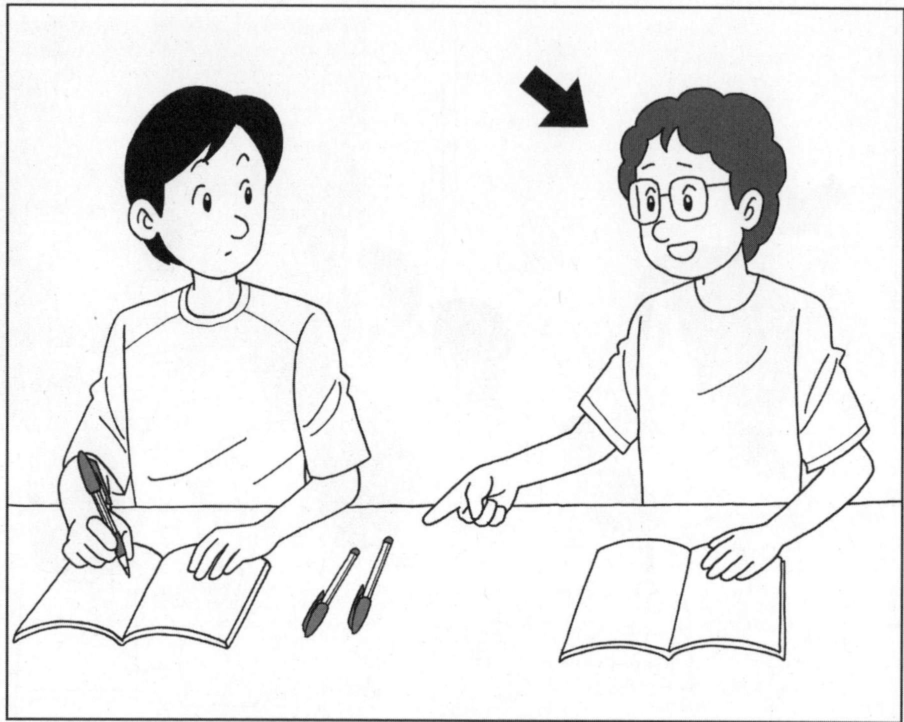

もんだい 4

もんだい 4 では、えなどが　ありません。まず　ぶんを　聞(き)いて　ください。それから、そのへんじを　聞(き)いて、1 から 3 の　中(なか)から、いちばん　いい　ものを　一(ひと)つ　えらんで　ください。

－ メモ －

にほんごのうりょくしけん　かいとうようし

N4

げんごちしき（もじ・ごい）

じゅけんばんごう Examinee Registration Number	

なまえ Name	

〈ちゅうい Notes〉

1. くろい えんぴつ（HB、No.2）で かいて ください。（ペンや ボールペンでは かかないで ください。）
Use a black medium soft (HB or No.2) pencil.
(Do not use any kind of pen.)
2. かきなおす ときは、けしゴムで きれいに けして ください。
Erase any unintended marks completely.
3. きたなく したり、おったり しないで ください。
Do not soil or bend this sheet.
4. マークれい Marking examples

よい れい Correct Example	わるい れい Incorrect Examples
●	⊘○⊖⦶⊜◐◍

もんだい 1				
1	①	②	③	④
2	①	②	③	④
3	①	②	③	④
4	①	②	③	④
5	①	②	③	④
6	①	②	③	④
7	①	②	③	④
8	①	②	③	④
9	①	②	③	④
もんだい 2				
10	①	②	③	④
11	①	②	③	④
12	①	②	③	④
13	①	②	③	④
14	①	②	③	④
15	①	②	③	④
もんだい 3				
16	①	②	③	④
17	①	②	③	④
18	①	②	③	④
19	①	②	③	④
20	①	②	③	④
21	①	②	③	④
22	①	②	③	④
23	①	②	③	④
24	①	②	③	④

もんだい 4				
25	①	②	③	④
26	①	②	③	④
27	①	②	③	④
28	①	②	③	④
29	①	②	③	④
もんだい 5				
30	①	②	③	④
31	①	②	③	④
32	①	②	③	④
33	①	②	③	④
34	①	②	③	④

にほんごのうりょくしけん　かいとうようし

N4

げんごちしき（ぶんぽう）・どっかい

じゅけんばんごう Examinee Registration Number	

なまえ Name	

〈ちゅうい Notes〉

1. くろい えんぴつ（HB、№2）で かいて ください。（ペンや ボールペンでは かかないで ください。）
Use a black medium soft (HB or No.2) pencil.
(Do not use any kind of pen.)
2. かきなおす ときは、けしゴムで きれいに けして ください。
Erase any unintended marks completely.
3. きたなく したり、おったり しないで ください。
Do not soil or bend this sheet.
4. マークれい Marking examples

よい れい Correct Example	わるい れい Incorrect Examples
●	⊗ ◯ ⊖ ⦶ ⊘ ◐ ●

もんだい 1				
1	①	②	③	④
2	①	②	③	④
3	①	②	③	④
4	①	②	③	④
5	①	②	③	④
6	①	②	③	④
7	①	②	③	④
8	①	②	③	④
9	①	②	③	④
10	①	②	③	④
11	①	②	③	④
12	①	②	③	④
13	①	②	③	④
14	①	②	③	④
15	①	②	③	④
もんだい 2				
16	①	②	③	④
17	①	②	③	④
18	①	②	③	④
19	①	②	③	④
20	①	②	③	④

もんだい 3				
21	①	②	③	④
22	①	②	③	④
23	①	②	③	④
24	①	②	③	④
25	①	②	③	④
もんだい 4				
26	①	②	③	④
27	①	②	③	④
28	①	②	③	④
29	①	②	③	④
もんだい 5				
30	①	②	③	④
31	①	②	③	④
32	①	②	③	④
33	①	②	③	④
もんだい 6				
34	①	②	③	④
35	①	②	③	④

にほんごのうりょくしけん　かいとうようし

N4
ちょうかい

じゅけんばんごう Examinee Registration Number	

なまえ Name	

〈ちゅうい Notes〉
1. くろい えんぴつ（HB、No.2）で かいて ください。（ペンや ボールペンでは かかないで ください。）
Use a black medium soft (HB or No.2) pencil.
(Do not use any kind of pen.)
2. かきなおす ときは、けしゴムで きれいに けして ください。
Erase any unintended marks completely.
3. きたなく したり、おったり しないで ください。
Do not soil or bend this sheet.
4. マークれい Marking examples

よい れい Correct Example	わるい れい Incorrect Examples
●	⊗ ◯ ◯ ◯ ◯ ◯ ◯

もんだい　1

れい	①	②	③	●
1	①	②	③	④
2	①	②	③	④
3	①	②	③	④
4	①	②	③	④
5	①	②	③	④
6	①	②	③	④
7	①	②	③	④
8	①	②	③	④

もんだい　2

れい	①	②	●	④
1	①	②	③	④
2	①	②	③	④
3	①	②	③	④
4	①	②	③	④
5	①	②	③	④
6	①	②	③	④
7	①	②	③	④

もんだい　3

れい	①	②	●
1	①	②	③
2	①	②	③
3	①	②	③
4	①	②	③
5	①	②	③

もんだい　4

れい	①	②	●
1	①	②	③
2	①	②	③
3	①	②	③
4	①	②	③
5	①	②	③
6	①	②	③
7	①	②	③
8	①	②	③

2

正答表と聴解スクリプト

せいとうひょう　ちょうかい

正答表

●言語知識（文字・語彙）

問題1

1	2	3	4	5	6	7	8	9
1	1	4	2	2	3	1	2	4

問題2

10	11	12	13	14	15
1	4	3	4	4	1

問題3

16	17	18	19	20	21	22	23	24
4	3	2	2	4	3	1	2	3

問題4

25	26	27	28	29
3	2	1	3	2

問題5

30	31	32	33	34
4	3	4	1	2

●言語知識（文法）・読解

問題1

1	2	3	4	5	6	7	8	9	10
3	4	1	2	4	2	3	1	2	4

11	12	13	14	15
1	1	3	4	2

問題2

16	17	18	19	20
3	2	4	3	3

問題3

21	22	23	24	25
2	3	2	1	4

問題 4

26	27	28	29
4	3	2	3

問題 5

30	31	32	33
2	4	4	1

問題 6

34	35
3	2

●聴解（ちょうかい）

問題 1

例	1	2	3	4	5	6	7	8
4	1	4	3	4	3	2	2	1

問題 2

例	1	2	3	4	5	6	7
3	4	2	3	3	1	2	3

問題 3

例	1	2	3	4	5
3	1	2	1	2	1

問題 4

例	1	2	3	4	5	6	7	8
3	2	3	2	1	2	3	3	1

聴解スクリプト

（M：男性　F：女性）

問題1

例

男の人が女の人に電話をしています。男の人は、何を買って帰りますか。

M：これから帰るけど、何か買って帰ろうか。
F：あ、ありがとう。えっとね、牛乳。それから。
M：ちょっと待って、牛乳は１本でいいの？
F：えっと、２本お願い。それから、チーズ。
M：あれ、チーズはまだたくさんあったよね。
F：ごめん、今日のお昼に全部食べたの。
M：分かった。じゃ、買って帰るね。

男の人は、何を買って帰りますか。

1番

男の人と女の人が話しています。男の人は、何で美術館へ行きますか。

M：美術館に行きたいんですけど、何で行くのが便利ですか。
F：車で行けば10分ですよ。
M：そうですか。電車かバスでも行けますか。
F：うーん、行けますけど、時間がかかりますよ。自転車は持っていますか。
M：はい。
F：じゃあ、自転車のほうが便利ですよ。
M：そうですか。分かりました。じゃ、そうします。

男の人は、何で美術館へ行きますか。

2番

男の学生と女の学生が話しています。男の学生は、何を買いますか。

M：来週、佐藤さんの誕生日だね。もうプレゼント、買った？

F：うん。かばん、買った。

M：そうか。僕はまだ決められなくて困っているんだ。

F：そう。じゃあ、カップはどう？佐藤さん、コーヒーが好きで、よく飲んでいるよ。

M：うーん、でも、カップはもうたくさん持っているかもしれないな。

F：じゃあ、タオルはどう？よくスポーツをしているから。

M：そうだね。じゃあ、そうしよう。ありがとう。

男の学生は、何を買いますか。

3番

男の人と女の人が話しています。女の人は、チケットを何枚予約しますか。

M：来月のコンサートのチケット、予約してくれる？

F：うん、いいよ。何枚？

M：僕たち二人と、友達四人。

F：じゃあ、６枚ね。

M：あ、そうだ、ごめん。一人都合が悪くなったから、五人だ。

F：あ、そう。分かった。

M：ありがとう。じゃあ、お願い。

女の人は、チケットを何枚予約しますか。

4番

女の人と男の人が写真について話しています。女の人は、どの写真を送りますか。

F：国の両親に写真を送りたいんだけど、どれがいいと思う？

M：この海の写真は顔が小さくてよく見えないね。

F：うん。じゃ、だめだね。この山の写真はどう？

M：うん、これ、いいね。

F：じゃ、これ１枚。もう１枚は、この、私の部屋の写真は？

M：部屋があまりきれいじゃないからやめたほうがいいよ。それより、大学の前でとった写真がいいよ。

F：そうだね。この２枚にしよう。

女の人は、どの写真を送りますか。

5番

男の留学生と女の人が話しています。男の留学生は、何を持っていきますか。

M：友達がけがをして、入院しているんです。お見舞いに行きたいんですが、日本では何を持っていきますか。

F：そうですね。よく花や果物を持っていきます。病院では時間がたくさんあるから、本もいいと思いますよ。

M：ああ、いいですね。本読むのが好きだから、そうします。

F：あ、それから、若い人なら音楽のＣＤもいいと思いますよ。

M：うーん、でも、音楽はあまり聴きませんから。

男の留学生は、何を持っていきますか。

6番

会社で男の人と女の人が話しています。女の人は今日、このあと何をしますか。

M：ちょっと、いい？

F：はい。

M：今部長から電話があって、資料のコピーを頼まれたんだ。お願いしてもいい？

F：分かりました。明日の会議の資料ですね。

M：うん。それから、会議室の準備だけど、いすを並べておいてくれる？

F：はい。でも、会議室は今、使っています。

M：そうか。じゃあ、それは明日だね。

女の人は今日、このあと何をしますか。

7番

教室で、先生が話しています。学生は明日、何時にどこに集まらなければなりませんか。

M：えー、これから、明日のバス旅行について連絡します。明日は、朝８時半までに来てください。いつもは９時からですが、30分早いので、間違えないでくださいね。学校の体育館の前に集まってください。いいですか。教室じゃなくて、体育館の前ですよ。

学生は明日、何時にどこに集まらなければなりませんか。

8番

図書館で男の人と係りの人が話しています。男の人はこのあとどのボタンを押しますか。

M：すみません。ちょっと、コピーの仕方を教えてもらえませんか。青いボタンを押したんですが、字が小さくなってしまったんです。
F：字を大きくするなら、赤いボタンを押してください。
M：あ、はい。それから、もう少し濃くしたいんです。
F：じゃあ、黄色いボタンを押してください。薄くするときは、白いボタンです。
M：そうですか。どうもありがとうございます。

男の人はこのあとどのボタンを押しますか。

問題２

例

女の人と男の人が話しています。女の人は、どうして引っ越しをしますか。

F：来週の日曜日、引っ越しを手伝ってくれない？
M：いいけど、また引っ越すんだね。部屋が狭いの？
F：ううん。部屋の大きさも場所も問題ないんだけど、建物が古くて嫌なんだ。最近、近所の人と友達になったから、残念なんだけど。
M：そうなんだ。

女の人は、どうして引っ越しをしますか。

1番

男の学生と女の学生が話しています。女の学生は、だれと住んでいますか。

M：山田さん、新しい生活はどう？

F：はい、毎日楽しいです。

M：ご両親と一緒じゃなくて、寂しくない？

F：ええ、少し。でも、弟と一緒に住んでいるので、大丈夫です。

M：そうなんだ。兄弟は弟さん一人？

F：姉もいます。姉は両親と一緒に住んでいます。

女の学生は、だれと住んでいますか。

2番

大学で、女の学生が男の学生と話しています。女の学生は、いつ、男の学生に相談しますか。

F：先輩、相談したいことがあるんですが、今、いいですか。

M：ごめん。今から授業があるんだ。

F：そうですか。じゃ、今日の夕方はどうですか。

M：６時から約束があるけど、４時頃なら大丈夫だよ。

F：４時ですね。

M：あ、明日の昼でもいいよ。

F：すみません。明日は用事があるんです。

M：そう。じゃあ、やっぱり今日にしよう。

F：はい。お願いします。じゃ、教室で待っています。

女の学生は、いつ、男の学生に相談しますか。

3番

学校で、男の先生と女の留学生が話しています。女の留学生は、どうしてアルバイトがしたいですか。

M：もうすぐ冬休みですね。どこかへ旅行に行きますか。

F：いいえ。冬休みは、デパートでアルバイトをするつもりです。

M：あ、そうですか。

F：日本人の働き方が知りたいんです。

M：いい経験になりますね。日本語も上手になると思いますよ。

女の留学生は、どうしてアルバイトがしたいですか。

4番

天気予報を聞いています。何曜日に、一日中雨が降ると言っていますか。

M：東京の月曜日から1週間の天気予報です。月曜日と火曜日は晴れるでしょう。水曜日は、午前中は晴れますが、午後から曇って、夜には雨になるでしょう。木曜日は一日ずっと雨になるでしょう。金曜日と土日は晴れて、いい天気になるでしょう。

何曜日に、一日中雨が降ると言っていますか。

5番

女の人と男の人が話しています。男の人は、最近、どのぐらい本を読んでいますか。男の人です。

F：山田さんは、よく本を読みますか。
M：うーん、子供のときは月に10冊以上読んでいましたが、最近は全然読んでいませんね。
F：そうですか。
M：ええ、仕事が忙しいんです。田中さんはどうですか。
F：最近は、専門の本を月に3冊ぐらい読んでいます。
M：そうですか。私も月に1冊ぐらいは読みたいんですが。

男の人は、最近、どのぐらい本を読んでいますか。

6番

男の学生と女の学生が話しています。女の学生は、子供のとき、何になりたかったですか。女の学生です。

M：田中さんは、将来、どんな仕事がしたいですか。
F：将来は、小学校の先生になりたいです。
M：先生ですか。子供のときからですか。
F：子供のときは、ピアニストになりたかったんです。
M：音楽が好きだったんですね。私は子供のとき、警察官になるのが夢でした。
F：警察官ですか。
M：でも、最近は、看護師になりたいんです。

F：へえ、そうなんですか。

女の学生は、子供のとき、何になりたかったですか。

7番

港で、船の案内を聞いています。次の船は、何時に出発しますか。

F：皆様、もうすぐ、次の船が出発します。船は、近くの島を30分で回ります。海からの美しい景色を楽しむことができます。出発は10時20分の予定です。出発まで10分です。チケットは船の中で買うことができます。皆様、乗ってみませんか。

次の船は、何時に出発しますか。

問題3

例

レストランでお店の人を呼びます。何と言いますか。

F：1．いらっしゃいませ。
　　2．失礼しました。
　　3．すみません。

1番

お土産を買いました。先輩にあげます。何と言いますか。

F：1．これ、お土産です。どうぞ。
　　2．お土産、頂きます。
　　3．お土産を買っておきます。

2番

明日、二人で映画に行きたいです。何と言いますか。

M：1．明日、映画に誘いましょう。

2．明日、映画を見に行きませんか。

3．明日、映画に行きたいそうですよ。

3番

黒板の字が小さくて、読めません。先生に何と言いますか。

F：1．すいません、よく見えません。

2．すいません、読んでもいいですか。

3．すいません、書きましょうか。

4番

先生に今、相談したいです。何と言いますか。

M：1．あのう、いつでしょうか。

2．ちょっとよろしいでしょうか。

3．相談してくださいませんか。

5番

友達のペンを借りたいです。何と言いますか。

M：1．ペン、貸してもらえる？

2．ペン、取ってあげる。

3．ペン、使ってくれる？

問題4

例

F：ジュース買いに行きますけど、何か買ってきましょうか。

M：1．ええ、いいですよ。

2．そうですか。おいしそうですね。

3．あ、コーヒー、お願いします。

1番

F：どこに行くんですか。

M：1．いってらっしゃい。
　　2．ちょっと食事に行ってきます。
　　3．気をつけてください。

2番

F：ねえ、京都、行ったことある？

M：1．行かなかったよ。
　　2．そう、行ったんだ。
　　3．うん、1回あるよ。

3番

M：どうして昨日、授業を休んだんですか。

F：1．休むかもしれません。
　　2．風邪をひいてしまいました。
　　3．ゆっくり休んでください。

4番

M：夏休みに国へ帰ったら、何をしますか。

F：1．友達に会うつもりです。
　　2．母に会いました。
　　3．来月にします。

5番

M：学校を休むときは電話してください。

F：1．いつ休むんですか。
　　2．はい、連絡します。
　　3．電話を待っています。

6番

M：あのう、その本を取ってくれませんか。

F：1．ありがとう。

2．もらいましたよ。

3．え、どれですか。

7番

F：ジョンさん、日本語が話せますか。

M：1．勉強してください。

2．分かりました。

3．少しならできます。

8番

M：あ、田中さん、黒板を消しておいてくれませんか。

F：1．はい、すぐにやります。

2．きれいになりましたね。

3．ここに置きましょう。

3

日本語能力試験の概要

1 日本語能力試験について

日本語能力試験は、日本語を母語としない人の日本語能力を測定し認定する試験として、国際交流基金と日本国際教育支援協会が 1984 年に開始しました。

試験は日本国内そして世界各地で、1 年に 2 回、一斉に実施しています。2011 年は、海外では 61 の国・地域の 198 都市、日本では 40 都道府県で実施しました。試験会場は毎年増えています。

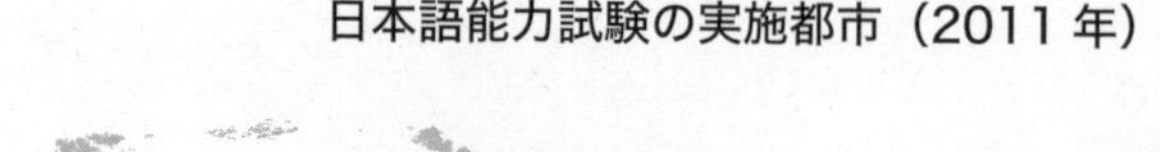
日本語能力試験の実施都市（2011 年）

国際交流基金が 3 年ごとに実施している「海外日本語教育機関調査」によると、海外の日本語学習者数は、1979 年には約 12 万 7 千人でしたが、2009 年には約 365 万人になりました。国内の日本語学習者数も、2009 年度には過去最高の約 17 万 1 千人[※1] になりました。日本語学習者数が増えると共に、日本語能力試験の受験者数も増え、2011 年には全世界で約 61 万人が受験しました。日本語能力試験は、日本語の試験の中では世界最大規模の試験です。

日本語能力試験の受験者数と実施都市数（国内海外合計）[※2]

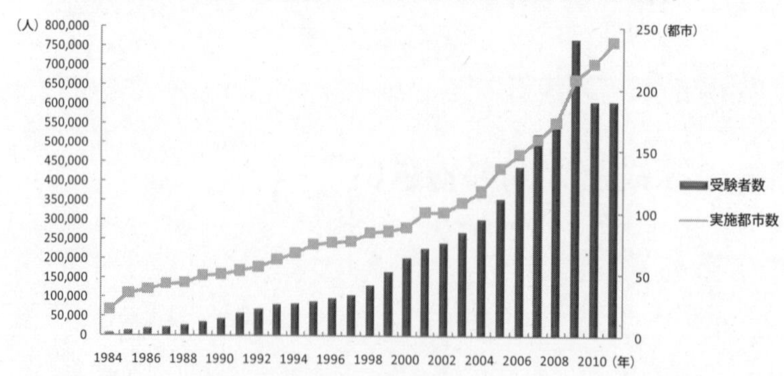

※1 文化庁「平成 21 年度国内の日本語教育の概要」より。

※2 2009 年は、試験を 1 年に 2 回実施した最初の年であり、また、試験改定前の最後の年にもあたり、過去最高の約 77 万人が受験しました。

近年、日本語能力試験の受験者層は小学生から社会人まで幅広くなり、受験目的も、実力の測定に加え、就職や昇給・昇進のため、大学や大学院などへの入学のためと、変化や拡がりが見られるようになりました。

受験者の内訳

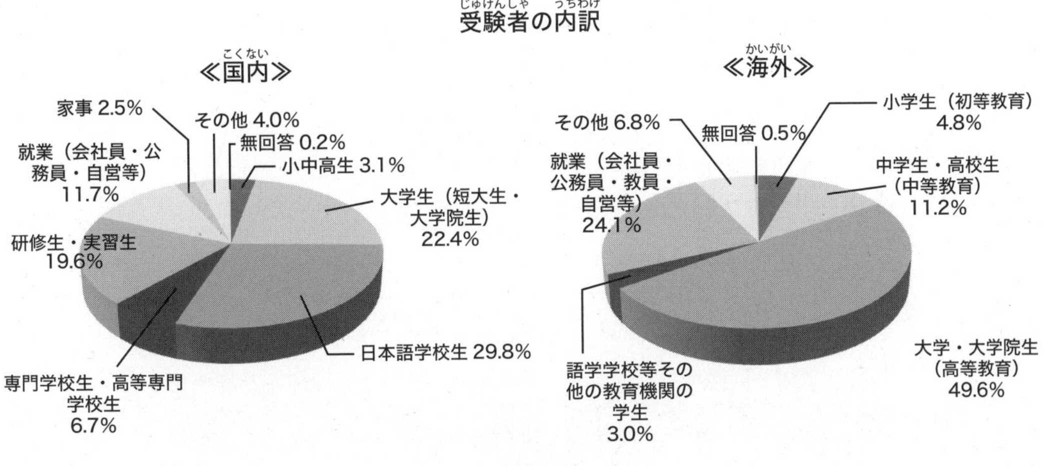

受験目的

≪国内≫

受験目的	割合
日本語の実力測定のため	60.7%
就職のため	14.0%
大学学部入試のため	11.6%
大学院入試のため	6.5%
専門学校入試のため	3.0%
奨学金申請のため	1.5%
短期大学入試のため	0.3%
その他	2.3%
無回答	0.1%
合計	100.0%

≪海外≫

受験目的	割合
自分の実力が知りたい	34.0%
自分の仕事やこれからの就職・昇給・昇進に役立つ（自分の国で）	30.7%
大学や大学院入学に必要（自分の国で）	10.8%
自分の仕事やこれからの就職・昇給・昇進に役立つ（日本で）	5.3%
大学や大学院入学に必要（日本で）	5.1%
その他の教育機関での入学や能力証明に必要（自分の国で）	4.9%
その他の教育機関での入学や能力証明に必要（日本で）	2.3%
その他	6.3%
無回答	0.6%
合計	100.0%

＊上のグラフと表は、2011 年第 2 回（12 月）試験の受験願書を通じて行った調査の結果です（回答者数：国内 70,413 人、海外 275,674 人）。

＊調査の選択項目は、それぞれの状況に合わせて作られたため、国内と海外で異なっています。

このような変化に対応して、国際交流基金と日本国際教育支援協会は、試験開始から 20 年以上の間に発展してきた日本語教育学やテスト理論の研究成果と、これまでに蓄積してきた試験結果のデータなどを用いて、日本語能力試験の内容を改定し、2010 年から新しい日本語能力試験を実施しています。

2 日本語能力試験の特徴

（1）課題遂行のための言語コミュニケーション能力を測ります

日本語能力試験では、①日本語の文字や語彙、文法についてどのくらい知っているか、ということだけでなく、②その知識を利用してコミュニケーション上の課題を遂行できるか、ということも大切だと考えています。私たちが生活の中で行っている様々な「課題」のうち、言語を必要とするものを遂行するためには、言語知識だけでなく、それを実際に利用する力も必要だからです。そこで、この試験では、①を測るための「言語知識」、②を測るための「読解」「聴解」という3つの要素により、総合的に日本語のコミュニケーション能力を測っています。

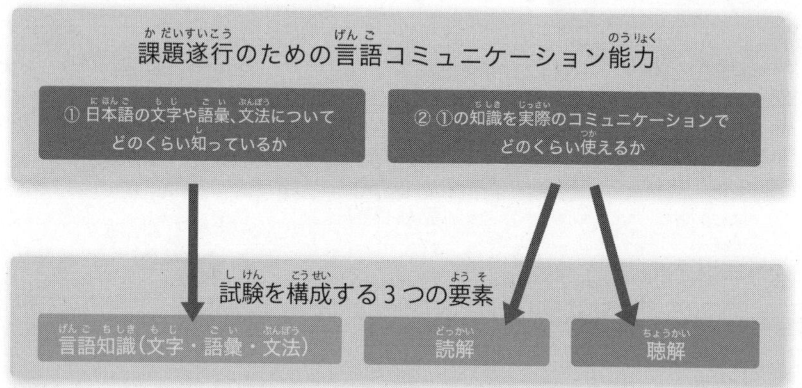

大規模試験のため、解答は選択枝※1によるマークシート方式で行います。話したり書いたりする能力を直接測る試験科目はありません。

（2）5段階のレベルから、自分に合ったレベルが選べます

日本語能力試験には、5段階（N1、N2、N3、N4、N5）のレベルがあります。できるだけきめ細かく日本語能力を測るために、試験問題はレベルごとに作られています。

N4とN5では、主に教室内で学ぶ基本的な日本語がどのくらい理解できているかを測ります。N1とN2では、現実の生活の幅広い場面で使われる日本語がどのくらい理解できるかを測ります。N3は、N4、N5からN1、N2への橋渡しのレベルです。

各レベルの詳しい説明は、次の「3 認定の目安」を見てください。

※1 本書では、日本テスト学会での使用例にしたがって、「選択肢」ではなく「選択枝」という用語を使っています。

（3）尺度得点で日本語能力をより正確に測ります

異なる時期に実施される試験ではどんなに慎重に問題を作成しても、試験の難易度が毎回多少変動します。そのため、試験の得点を「素点」（何問正解したかを計算する得点）で出すと、試験が難しかったときと易しかったときとでは、同じ能力でも違う得点になることがあります。そこで、日本語能力試験の得点は、素点ではなく、「尺度得点」を導入しています。尺度得点は「等化」という方法を用いた、いつも同じ尺度（ものさし）で測れるような得点です。

尺度得点を利用することで、試験を受けたときの日本語能力をより正確に、公平に、得点に表すことができます。尺度得点についての詳しい説明は、「7 尺度得点について」を見てください。

（4）『日本語能力試験 Can-do 自己評価レポート』を提供します

日本語能力試験では、2010 年と 2011 年の受験者に対して、「日本語を使ってどのようなことができると考えているか」についてのアンケート調査を行いました。そして、各レベルの合格者の回答結果を、日本語能力試験公式ウェブサイトの「日本語能力試験 Can-do 自己評価調査プロジェクト」（http://www.jlpt.jp/about/candoproject.html）で公表しています。この調査は自己評価に基づくものですから、それぞれの合格者が実際にできることやできないことを正確に表したものではありません。しかし、各レベルの合格者が、自分の日本語能力についてどう思っているかを知ることはできます。そして、受験者やまわりの人々が、「このレベルの合格者は日本語を使ってどんなことができそうか」というイメージを作るための参考にすることができます。

日本語能力試験Can-do自己評価レポート（N1-N3）≪中間報告≫　聞く

4:できる、3:難しいがなんとかできる、2:あまりできない、1:できない　の4段階で自己評価してもらいました。
表の数値は、各レベルの合格者による自己評価の平均値です。項目は、N1合格者の評価を基準に、難しいと思われているものから並べ替えました。

	N1	N2	N3
政治や経済などについてのテレビのニュースを見て、要点が理解できる	2.92	2.33	2.04
仕事や専門に関する問い合わせを聞いて、内容が理解できる	2.99	2.47	2.25
社会問題を扱ったテレビのドキュメンタリー番組を見て、話の要点が理解できる	3.09	2.50	2.23
あまりなじみのない話題の会話でも話の要点が理解できる	3.17	2.71	2.49
フォーマルな場（例：歓迎会など）でのスピーチを聞いて、だいたいの内容が理解できる	3.17	2.65	2.40
最近メディアで話題になっていることについての会話で、だいたいの内容が理解できる	3.22	2.72	2.41
関心あるテーマの議論や討論で、だいたいの内容が理解できる	3.35	2.92	2.65
学校や職場の会議で、話の流れが理解できる	3.35	2.94	2.70
関心あるテーマの講義や講演を聞いて、だいたいの内容が理解できる	3.37	2.95	2.73
思いがけない出来事（例：事故など）についてのアナウンスを聞いてだいたい理解できる	3.39	2.97	2.74

左のサンプルは 2011 年６月に、日本語能力試験公式ウェブサイトに掲載した『日本語能力試験 Can-do 自己評価レポート』の中間報告です※2。レポートは、「聞く」、「話す」、「読む」、「書く」の４つのセクションに分かれています。

表の数字は、各レベルの合格者による自己評価（４：できる、３：難しいがなんとかできる、２:あまりできない、１:できない）の平均値です。Can-do の項目は、難しいと評価された順に並べました。

※2　2012 年９月に、この調査の最終報告として、「日本語能力試験 Can-do 自己評価リスト」を日本語能力試験公式ウェブサイト（http://www.jlpt.jp/about/candolist.html）で公表しました。

3 認定の目安

各レベルの認定の目安は下のとおりです。認定の目安を「読む」、「聞く」という言語行動で表しています。それぞれのレベルには、それぞれの言語行動を実現するための言語知識が必要です。

むずかしい

レベル	認定の目安
N1	**幅広い場面で使われる日本語を理解することができる** 読む ・幅広い話題について書かれた新聞の論説、評論など、論理的にやや複雑な文章や抽象度の高い文章などを読んで、文章の構成や内容を理解することができる。 ・さまざまな話題の内容に深みのある読み物を読んで、話の流れや詳細な表現意図を理解することができる。 聞く ・幅広い場面において自然なスピードの、まとまりのある会話やニュース、講義を聞いて、話の流れや内容、登場人物の関係や内容の論理構成などを詳細に理解したり、要旨を把握したりすることができる。
N2	**日常的な場面で使われる日本語の理解に加え、より幅広い場面で使われる日本語をある程度理解することができる** 読む ・幅広い話題について書かれた新聞や雑誌の記事・解説、平易な評論など、論旨が明快な文章を読んで文章の内容を理解することができる。 ・一般的な話題に関する読み物を読んで、話の流れや表現意図を理解することができる。 聞く ・日常的な場面に加えて幅広い場面で、自然に近いスピードの、まとまりのある会話やニュースを聞いて、話の流れや内容、登場人物の関係を理解したり、要旨を把握したりすることができる。
N3	**日常的な場面で使われる日本語をある程度理解することができる** 読む ・日常的な話題について書かれた具体的な内容を表す文章を、読んで理解することができる。 ・新聞の見出しなどから情報の概要をつかむことができる。 ・日常的な場面で目にする難易度がやや高い文章は、言い換え表現が与えられれば、要旨を理解することができる。 聞く ・日常的な場面で、やや自然に近いスピードのまとまりのある会話を聞いて、話の具体的な内容を登場人物の関係などとあわせてほぼ理解できる。
N4	**基本的な日本語を理解することができる** 読む ・基本的な語彙や漢字を使って書かれた日常生活の中でも身近な話題の文章を、読んで理解することができる。 聞く ・日常的な場面で、ややゆっくりと話される会話であれば、内容がほぼ理解できる。
N5	**基本的な日本語をある程度理解することができる** 読む ・ひらがなやカタカナ、日常生活で用いられる基本的な漢字で書かれた定型的な語句や文、文章を読んで理解することができる。 聞く ・教室や、身の回りなど、日常生活の中でもよく出会う場面で、ゆっくり話される短い会話であれば、必要な情報を聞き取ることができる。

やさしい

4 試験科目と試験（解答）時間

次の「5 得点区分」でも述べるように、試験科目と得点区分は、分け方が異なります。

まず、実際に試験を受けるときの試験科目について、説明します。各レベルの試験科目と試験（解答）時間は下のとおりです。

レベル	試験科目（試験［解答］時間）		
N1	言語知識（文字・語彙・文法）・読解（110分）		聴解（60分）
N2	言語知識（文字・語彙・文法）・読解（105分）		聴解（50分）
N3	言語知識（文字・語彙）（30分）	言語知識（文法）・読解（70分）	聴解（40分）
N4	言語知識（文字・語彙）（30分）	言語知識（文法）・読解（60分）	聴解（35分）
N5	言語知識（文字・語彙）（25分）	言語知識（文法）・読解（50分）	聴解（30分）

＊試験（解答）時間は変更される場合があります。また「聴解」は、試験問題の録音の長さによって試験（解答）時間が多少変わります。

N1とN2の試験科目は「言語知識（文字・語彙・文法）・読解」と「聴解」の2科目です。

N3、N4、N5の試験科目は「言語知識（文字・語彙）」「言語知識（文法）・読解」「聴解」の3科目です。

5 得点区分

得点は、得点区分ごとに出されます。4で説明した試験科目と得点区分とは、分け方が異なります。

試験科目と得点区分の対応、得点の範囲は、下の表のようになっています。得点はすべて尺度得点です。尺度得点については、「7　尺度得点について」で説明します。

N1・N2　（総合得点の範囲：0～180点）

試験科目	言語知識（文字・語彙・文法）・読解		聴解
得点区分	言語知識（文字・語彙・文法）	読解	聴解
得点の範囲	0～60点	0～60点	0～60点

N3　（総合得点の範囲：0～180点）

試験科目	言語知識（文字・語彙）	言語知識（文法）・読解	聴解
得点区分	言語知識（文字・語彙・文法）	読解	聴解
得点の範囲	0～60点	0～60点	0～60点

N4・N5　（総合得点の範囲：0～180点）

試験科目	言語知識（文字・語彙）	言語知識（文法）・読解	聴解
得点区分	言語知識（文字・語彙・文法）・読解		聴解
得点の範囲	0～120点		0～60点

＊得点はすべて尺度得点です。

N1、N2、N3の得点区分は「言語知識（文字・語彙・文法）」「読解」「聴解」の3区分です。
N4とN5の得点区分は「言語知識（文字・語彙・文法）・読解」と「聴解」の2区分です。

試験科目も、得点区分も、「言語知識」「読解」「聴解」の3つが基本ですが、より正確な日本語能力を測定するために、それぞれのレベルの学習段階の特徴に合わせ、レベルによって試験科目や得点区分の分け方を変えています。

6 試験の結果

（1）合否の判定

すべての試験科目を受験して、①すべての得点区分の得点が基準点以上で、②総合得点が合格点以上なら合格になります。各得点区分に基準点を設けるのは、「言語知識」「読解」「聴解」のどの要素の能力もそれぞれ一定程度備えているかどうか、評価するためです。得点区分の得点が１つでも基準点に達していない場合は、総合得点がどんなに高くても不合格になります。

基準点と合格点は下のとおりです。

N1・N2・N3

レベル	得点区分別得点						総合得点	
	言語知識（文字・語彙・文法）		読解		聴解		得点の範囲	合格点
	得点の範囲	基準点	得点の範囲	基準点	得点の範囲	基準点		
N1	0～60点	19点	0～60点	19点	0～60点	19点	0～180点	100点
N2	0～60点	19点	0～60点	19点	0～60点	19点	0～180点	90点
N3	0～60点	19点	0～60点	19点	0～60点	19点	0～180点	95点

N4・N5

レベル	得点区分別得点				総合得点	
	言語知識（文字・語彙・文法）・読解		聴解		得点の範囲	合格点
	得点の範囲	基準点	得点の範囲	基準点		
N4	0～120点	38点	0～60点	19点	0～180点	90点
N5	0～120点	38点	0～60点	19点	0～180点	80点

＊得点はすべて尺度得点です。

例えば、N1の場合、すべての得点区分が19点以上で、総合得点が100点以上なら、合格になりますが、得点区分が１つでも18点以下であったり、総合得点が99点以下であった場合は、不合格になります。

（2）試験結果の通知

受験者には、「合否結果通知書」を送ります。この通知書には、「合格」「不合格」のほかに、下の図の例のように、①「得点区分別得点」と②得点区分別の得点を合計した「総合得点」、③今後の日本語学習のための「参考情報」が記されています。③「参考情報」は合否判定の対象ではありません。

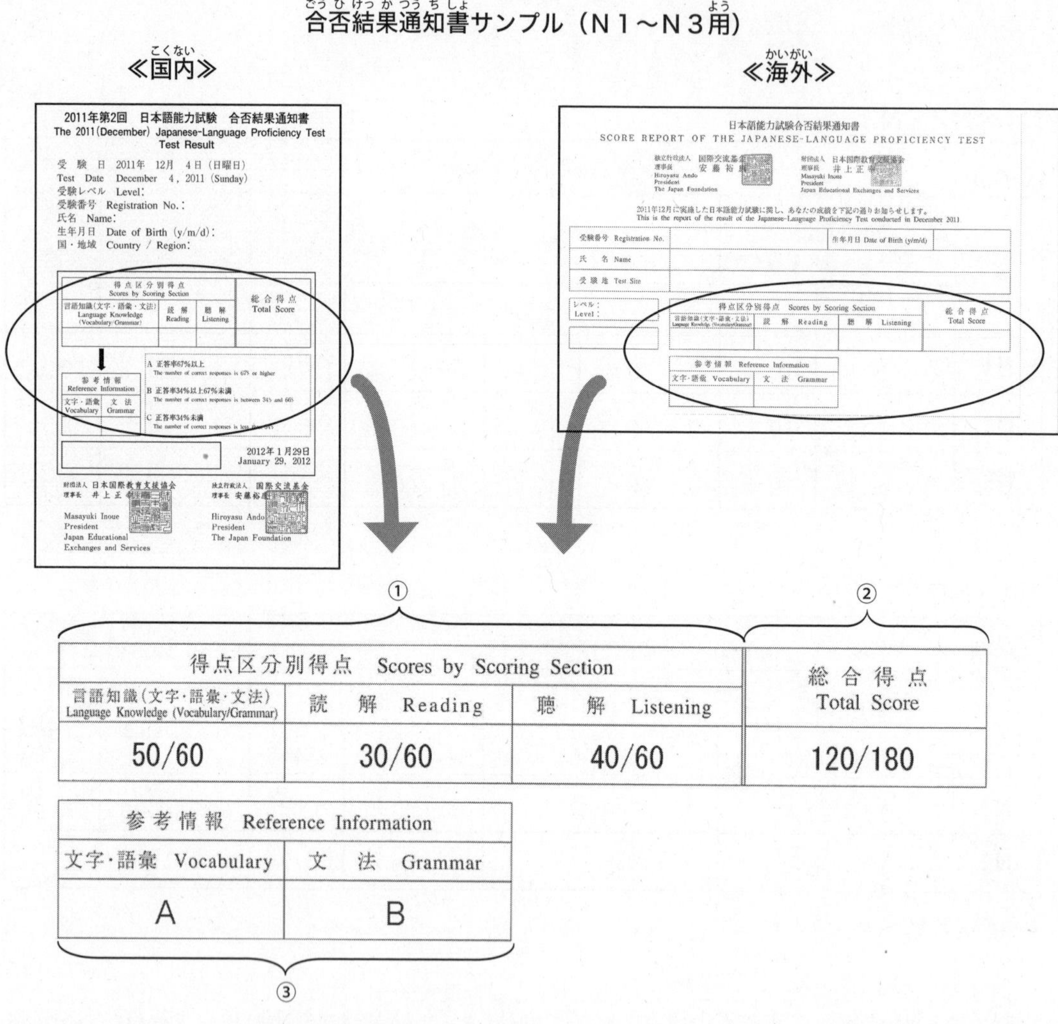

合否結果通知書サンプル（N１～N３用）

≪国内≫

2011年第2回　日本語能力試験　合否結果通知書
The 2011(December) Japanese-Language Proficiency Test
Test Result

受験日　2011年　12月　4日（日曜日）
Test Date　December 4, 2011 (Sunday)
受験レベル　Level:
受験番号　Registration No.:
氏名　Name:
生年月日　Date of Birth (y/m/d):
国・地域　Country / Region:

2012年1月29日
January 29, 2012

≪海外≫

日本語能力試験合否結果通知書
SCORE REPORT OF THE JAPANESE-LANGUAGE PROFICIENCY TEST

2011年12月に実施した日本語能力試験に関し、あなたの成績を下記の通りお知らせします。
This is the report of the result of the Japanese-Language Proficiency Test conducted in December 2011

①　②

得点区分別得点　Scores by Scoring Section			総合得点 Total Score
言語知識（文字・語彙・文法） Language Knowledge (Vocabulary/Grammar)	読解　Reading	聴解　Listening	
50/60	30/60	40/60	120/180

参考情報　Reference Information	
文字・語彙　Vocabulary	文法　Grammar
A	B

③

③「参考情報」は、得点区分が複数の部分を含んでいるとき、つまり、N1、N2、N3は「文字・語彙」と「文法」について、N4とN5では「文字・語彙」「文法」「読解」について、記されます。ここに挙げた例では、「言語知識（文字・語彙・文法）」について、参考情報を見ると「文字・語彙」はAで、「文法」はBだったことがわかります。A、B、Cの段階は、次の正答率を示しています。

A	正答率 67%以上
B	正答率 34%以上 67%未満
C	正答率 34%未満

この「正答率」とは、それぞれの部分の全問題数の中で、正解した問題数の割合のことです。「いくつの問題に正しく答えたか」を表し、7 で説明する尺度得点とは異なる方法で出しています。この「参考情報」は、合否判定には直接関係ありません。受験者が自分の能力の傾向を知ることによって、今後の日本語の学習の参考にすることができます。

7 尺度得点について

(1)「素点」と「尺度得点」

日本語能力試験の得点は「尺度得点」で出しています。

試験には、得点を「素点」で出す方法もあります。「素点」は、いくつの問題に正しく答えたかをもとに計算する得点です。例えば、1 つ 2 点の問題があって、正しく答えた問題数が 10 だったら 20 点、というように出します。しかし、試験問題は毎回変わるため、問題の難易度を毎回完全に一定に保つことはとても難しいです。ですから、素点では、試験問題が難しかったときの「10 問正解・20 点」と、試験問題が易しかったときの「10 問正解・20 点」が表す日本語能力は異なることになります。逆に言えば、同じ日本語能力の受験者であっても、試験問題が難しかったときと易しかったときとで、同じ得点にはなりません。

これに対して、日本語能力試験では、受験者の日本語能力と試験結果を、より公平に対応づけるため、異なる時期に実施された試験でも、いつも同じ尺度（ものさし）で測れるような得点の出し方をしています。これを「尺度得点」と言います。

(2) 尺度得点の利点

尺度得点には、「試験の難易度と独立して日本語能力を評価し、統一の尺度に基づいて数値化できる」という、能力測定の方法論上、大変有益な特長があります。この特長により、受験者の日本語能力が同じなら、いつの試験を受験しても、同じ得点になります。また、同じレベルの得点なら、異なる回の試験で出された「尺度得点の差」を「日本語能力の差」として考えることが可能になります。

（3）尺度得点の算出過程

尺度得点を算出する具体的な方法は、「項目応答理論 (Item Response Theory; IRT)」という統計的テスト理論に基づいています。この手続きは、素点の算出法とは全く異なります。

まず、受験者一人一人が、それぞれの問題にどのように答えたか（正解したか、まちがったか）を調べます。それにより、受験者一人一人について「解答のパターン」が出ます。このそれぞれの「解答のパターン」を、各レベルの各得点区分のために作られた尺度（ものさし）の上に位置づけて、得点を出していきます。例えば、下の図のように、10問の試験問題で構成される試験では、どの問題に正解したか、まちがったかについて、最大で 2^{10} = 1,024 通りの解答パターンが存在します。日本語能力試験の場合、「5 得点区分」で述べたように、1つの得点区分は 0 ～ 60 点（N4 と N5 の「言語知識（文字・語彙・文法）・読解」では 0 ～ 120 点）の尺度になっています。ここに、解答パターンを位置づけていきます。つまり、10問の場合、最大で 1,024 通りある解答パターンを 61 のグループに分類することになります。実際の試験では、問題の数がもっと多いので、解答パターンの数ももっと多くなります。そのため、ある2名の受験者について、互いに正答数や解答パターンは違っていても、同じ尺度得点になる場合もあります。逆に、正答数は同じでも解答パターンが異なるため、尺度得点が異なる場合もあります。

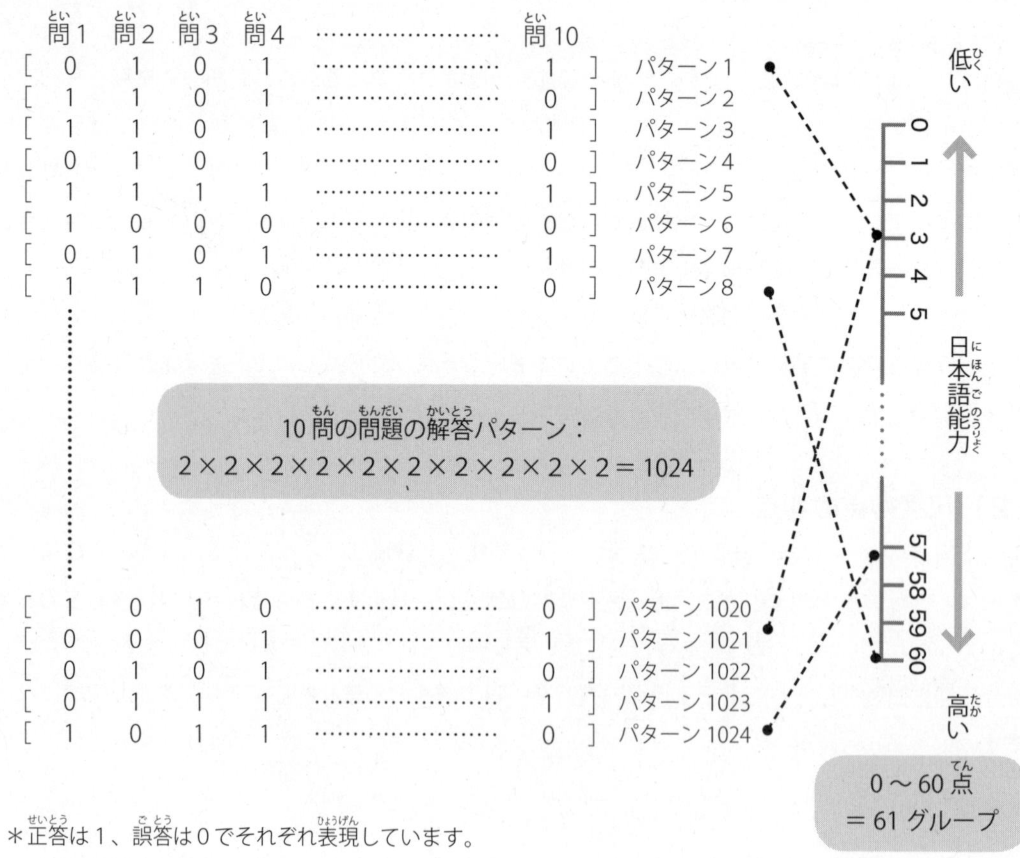

＊正答は1、誤答は0でそれぞれ表現しています。

＊この対応付けは例です。

8 問題の構成と大問のねらい

(1) 問題の構成

各レベルで出題する問題の構成は下のとおりです。

試験科目		大問*	小問数** N1	N2	N3	N4	N5
言語知識・読解	文字・語彙	漢字読み	6	5	8	9	12
		表記	—	5	6	6	8
		語形成	—	5	—	—	—
		文脈規定	7	7	11	10	10
		言い換え類義	6	5	5	5	5
		用法	6	5	5	5	—
		小問数合計	25	32	35	35	35
	文法	文の文法１（文法形式の判断）	10	12	13	15	16
		文の文法２（文の組み立て）	5	5	5	5	5
		文章の文法	5	5	5	5	5
		小問数合計	20	22	23	25	26
	読解***	内容理解（短文）	4	5	4	4	3
		内容理解（中文）	9	9	6	4	2
		内容理解（長文）	4	—	4	—	—
		統合理解	3	2	—	—	—
		主張理解（長文）	4	3	—	—	—
		情報検索	2	2	2	2	1
		小問数合計	26	21	16	10	6
聴解		課題理解	6	5	6	8	7
		ポイント理解	7	6	6	7	6
		概要理解	6	5	3	—	—
		発話表現	—	—	4	5	5
		即時応答	14	12	9	8	6
		統合理解	4	4	—	—	—
		小問数合計	37	32	28	28	24

*「大問」とは、各試験科目で出題する問題を、測ろうとしている能力ごとにまとめたものです。

**「小問数」は毎回の試験で出題される小問数の目安で、実際の試験での出題数は多少異なる場合があります。また、小問数は変更される場合があります。

***「読解」では、１つのテキスト（本文）に対して、複数の問題がある場合もあります。

(2) 大問のねらい

下の表は、各レベルの「大問のねらい」を具体的に説明したものです。(「大問のねらい」の多言語翻訳版は、日本語能力試験公式ウェブサイト〈www.jlpt.jp〉に載っています。)

N1

試験科目(試験時間)		問題の構成			
		大問		小問数*	ねらい
言語知識・読解(110分)	文字・語彙	1	漢字読み	6	漢字で書かれた語の読み方を問う
		2	文脈規定	7	文脈によって意味的に規定される語が何であるかを問う
		3	言い換え類義	6	出題される語や表現と意味的に近い語や表現を問う
		4	用法	6	出題語が文の中でどのように使われるのかを問う
	文法	5	文の文法1(文法形式の判断)	10	文の内容に合った文法形式かどうかを判断することができるかを問う
		6	文の文法2(文の組み立て)	5	統語的に正しく、かつ、意味が通る文を組み立てることができるかを問う
		7	文章の文法	5	文章の流れに合った文かどうかを判断することができるかを問う
	読解**	8	内容理解(短文)	4	生活・仕事などいろいろな話題も含め、説明文や指示文など200字程度のテキストを読んで、内容が理解できるかを問う
		9	内容理解(中文)	9	評論、解説、エッセイなど500字程度のテキストを読んで、因果関係や理由などが理解できるかを問う
		10	内容理解(長文)	4	解説、エッセイ、小説など1000字程度のテキストを読んで、概要や筆者の考えなどが理解できるかを問う
		11	統合理解	3	複数のテキスト(合計600字程度)を読み比べて、比較・統合しながら理解できるかを問う
		12	主張理解(長文)	4	社説、評論など抽象性・論理性のある1000字程度のテキストを読んで、全体として伝えようとしている主張や意見がつかめるかを問う
		13	情報検索	2	広告、パンフレット、情報誌、ビジネス文書などの情報素材(700字程度)の中から必要な情報を探し出すことができるかを問う
聴解(60分)		1	課題理解	6	まとまりのあるテキストを聞いて、内容が理解できるかどうかを問う(具体的な課題解決に必要な情報を聞き取り、次に何をするのが適当か理解できるかを問う)
		2	ポイント理解	7	まとまりのあるテキストを聞いて、内容が理解できるかどうかを問う(事前に示されている聞くべきことをふまえ、ポイントを絞って聞くことができるかを問う)
		3	概要理解	6	まとまりのあるテキストを聞いて、内容が理解できるかどうかを問う(テキスト全体から話者の意図や主張などが理解できるかを問う)
		4	即時応答	14	質問などの短い発話を聞いて、適切な応答が選択できるかを問う
		5	統合理解	4	長めのテキストを聞いて、複数の情報を比較・統合しながら、内容が理解できるかを問う

* 「小問数」は毎回の試験で出題される小問数の目安で、実際の試験での出題数は多少異なる場合があります。また、小問数は変更される場合があります。

** 「読解」では、1つのテキスト(本文)に対して、複数の問題がある場合もあります。

N 2

試験科目（試験時間）		問題の構成			
			大問	小問数*	ねらい
言語知識・読解（105分）	文字・語彙	1	漢字読み	5	漢字で書かれた語の読み方を問う
		2	表記	5	ひらがなで書かれた語が、漢字でどのように書かれるかを問う
		3	語形成	5	派生語や複合語の知識を問う
		4	文脈規定	7	文脈によって意味的に規定される語が何であるかを問う
		5	言い換え類義	5	出題される語や表現と意味的に近い語や表現を問う
		6	用法	5	出題語が文の中でどのように使われるのかを問う
	文法	7	文の文法1（文法形式の判断）	12	文の内容に合った文法形式かどうかを判断することができるかを問う
		8	文の文法2（文の組み立て）	5	統語的に正しく、かつ、意味が通る文を組み立てることができるかを問う
		9	文章の文法	5	文章の流れに合った文かどうかを判断することができるかを問う
	読解**	10	内容理解（短文）	5	生活・仕事などいろいろな話題も含め、説明文や指示文など200字程度のテキストを読んで、内容が理解できるかを問う
		11	内容理解（中文）	9	比較的平易な内容の評論、解説、エッセイなど500字程度のテキストを読んで、因果関係や理由、概要や筆者の考え方などが理解できるかを問う
		12	統合理解	2	比較的平易な内容の複数のテキスト（合計600字程度）を読み比べて、比較・統合しながら理解できるかを問う
		13	主張理解（長文）	3	論理展開が比較的明快な評論など、900字程度のテキストを読んで、全体として伝えようとしている主張や意見がつかめるかを問う
		14	情報検索	2	広告、パンフレット、情報誌、ビジネス文書などの情報素材（700字程度）の中から必要な情報を探し出すことができるかを問う
聴解（50分）		1	課題理解	5	まとまりのあるテキストを聞いて、内容が理解できるかどうかを問う（具体的な課題解決に必要な情報を聞き取り、次に何をするのが適当か理解できるかを問う）
		2	ポイント理解	6	まとまりのあるテキストを聞いて、内容が理解できるかどうかを問う（事前に示されている聞くべきことをふまえ、ポイントを絞って聞くことができるかを問う）
		3	概要理解	5	まとまりのあるテキストを聞いて、内容が理解できるかどうかを問う（テキスト全体から話者の意図や主張などが理解できるかを問う）
		4	即時応答	12	質問などの短い発話を聞いて、適切な応答が選択できるかを問う
		5	統合理解	4	長めのテキストを聞いて、複数の情報を比較・統合しながら、内容が理解できるかを問う

* 「小問数」は毎回の試験で出題される小問数の目安で、実際の試験での出題数は多少異なる場合があります。また、「小問数」は変更される場合があります。

** 「読解」では、１つのテキスト（本文）に対して、複数の問題がある場合もあります。

N3

試験科目（試験時間）		問題の構成			
		大問		小問数*	ねらい
言語知識（30分）	文字・語彙	1	漢字読み	8	漢字で書かれた語の読み方を問う
		2	表記	6	ひらがなで書かれた語が、漢字でどのように書かれるかを問う
		3	文脈規定	11	文脈によって意味的に規定される語が何であるかを問う
		4	言い換え類義	5	出題される語や表現と意味的に近い語や表現を問う
		5	用法	5	出題語が文の中でどのように使われるのかを問う
言語知識・読解（70分）	文法	1	文の文法1（文法形式の判断）	13	文の内容に合った文法形式かどうかを判断することができるかを問う
		2	文の文法2（文の組み立て）	5	統語的に正しく、かつ、意味が通る文を組み立てることができるかを問う
		3	文章の文法	5	文章の流れに合った文かどうかを判断することができるかを問う
	読解**	4	内容理解（短文）	4	生活・仕事などいろいろな話題も含め、説明文や指示文など150～200字程度の書き下ろしのテキストを読んで、内容が理解できるかを問う
		5	内容理解（中文）	6	書き下ろした解説、エッセイなど350字程度のテキストを読んで、キーワードや因果関係などが理解できるかを問う
		6	内容理解（長文）	4	解説、エッセイ、手紙など550字程度のテキストを読んで、概要や論理の展開などが理解できるかを問う
		7	情報検索	2	広告、パンフレットなどの書き下ろした情報素材（600字程度）の中から必要な情報を探し出すことができるかを問う
聴解（40分）		1	課題理解	6	まとまりのあるテキストを聞いて、内容が理解できるかどうかを問う（具体的な課題解決に必要な情報を聞き取り、次に何をするのが適当か理解できるかを問う）
		2	ポイント理解	6	まとまりのあるテキストを聞いて、内容が理解できるかどうかを問う（事前に示されている聞くべきことをふまえ、ポイントを絞って聞くことができるかを問う）
		3	概要理解	3	まとまりのあるテキストを聞いて、内容が理解できるかどうかを問う（テキスト全体から話者の意図や主張などが理解できるかを問う）
		4	発話表現	4	イラストを見ながら、状況説明を聞いて、適切な発話が選択できるかを問う
		5	即時応答	9	質問などの短い発話を聞いて、適切な応答が選択できるかを問う

＊「小問数」は毎回の試験で出題される小問数の目安で、実際の試験での出題数は多少異なる場合があります。また、小問数は変更される場合があります。

＊＊「読解」では、1つのテキスト（本文）に対して、複数の問題がある場合もあります。

N 4

試験科目（試験時間）		問題の構成			
		大問		小問数*	ねらい
言語知識（30分）	文字・語彙	1	漢字読み	9	漢字で書かれた語の読み方を問う
		2	表記	6	ひらがなで書かれた語が、漢字でどのように書かれるかを問う
		3	文脈規定	10	文脈によって意味的に規定される語が何であるかを問う
		4	言い換え類義	5	出題される語や表現と意味的に近い語や表現を問う
		5	用法	5	出題語が文の中でどのように使われるのかを問う
言語知識・読解（60分）	文法	1	文の文法1（文法形式の判断）	15	文の内容に合った文法形式かどうかを判断することができるかを問う
		2	文の文法2（文の組み立て）	5	統語的に正しく、かつ、意味が通る文を組み立てることができるかを問う
		3	文章の文法	5	文章の流れに合った文かどうかを判断することができるかを問う
	読解**	4	内容理解（短文）	4	学習・生活・仕事に関連した話題・場面の、やさしく書き下ろした100～200字程度のテキストを読んで、内容が理解できるかを問う
		5	内容理解（中文）	4	日常的な話題・場面を題材にやさしく書き下ろした450字程度のテキストを読んで、内容が理解できるかを問う
		6	情報検索	2	案内やお知らせなど書き下ろした400字程度の情報素材の中から必要な情報を探し出すことができるかを問う
聴解（35分）		1	課題理解	8	まとまりのあるテキストを聞いて、内容が理解できるかどうかを問う（具体的な課題解決に必要な情報を聞き取り、次に何をするのが適当か理解できるかを問う）
		2	ポイント理解	7	まとまりのあるテキストを聞いて、内容が理解できるかどうかを問う（事前に示されている聞くべきことをふまえ、ポイントを絞って聞くことができるかを問う）
		3	発話表現	5	イラストを見ながら、状況説明を聞いて、適切な発話が選択できるかを問う
		4	即時応答	8	質問などの短い発話を聞いて、適切な応答が選択できるかを問う

* 「小問数」は毎回の試験で出題される小問数の目安で、実際の試験での出題数は多少異なる場合があります。また、小問数は変更される場合があります。

** 「読解」では、1つのテキスト（本文）に対して、複数の問題がある場合もあります。

N 5

試験科目（試験時間）		問題の構成			
		大問		小問数*	ねらい
言語知識（25分）	文字・語彙	1	漢字読み	12	漢字で書かれた語の読み方を問う
		2	表記	8	ひらがなで書かれた語が、漢字・カタカナでどのように書かれるかを問う
		3	文脈規定	10	文脈によって意味的に規定される語が何であるかを問う
		4	言い換え類義	5	出題される語や表現と意味的に近い語や表現を問う
言語知識・読解（50分）	文法	1	文の文法1（文法形式の判断）	16	文の内容に合った文法形式かどうかを判断することができるかを問う
		2	文の文法2（文の組み立て）	5	統語的に正しく、かつ、意味が通る文を組み立てることができるかを問う
		3	文章の文法	5	文章の流れに合った文かどうかを判断することができるかを問う
	読解**	4	内容理解（短文）	3	学習・生活・仕事に関連した話題・場面の、やさしく書き下ろした80字程度のテキストを読んで、内容が理解できるかを問う
		5	内容理解（中文）	2	日常的な話題・場面を題材にやさしく書き下ろした250字程度のテキストを読んで、内容が理解できるかを問う
		6	情報検索	1	案内やお知らせなど書き下ろした250字程度の情報素材の中から必要な情報を探し出すことができるかを問う
聴解（30分）		1	課題理解	7	まとまりのあるテキストを聞いて、内容が理解できるかどうかを問う（具体的な課題解決に必要な情報を聞き取り、次に何をするのが適当か理解できるかを問う）
		2	ポイント理解	6	まとまりのあるテキストを聞いて、内容が理解できるかどうかを問う（事前に示されている聞くべきことをふまえ、ポイントを絞って聞くことができるかを問う）
		3	発話表現	5	イラストを見ながら、状況説明を聞いて、適切な発話が選択できるかを問う
		4	即時応答	6	質問などの短い発話を聞いて、適切な応答が選択できるかを問う

＊「小問数」は毎回の試験で出題される小問数の目安で、実際の試験での出題数は多少異なる場合があります。また、小問数は変更される場合があります。

＊＊「読解」では、1つのテキスト（本文）に対して、複数の問題がある場合もあります。

9 よくある質問

（1）試験で測る能力について

Q 「課題遂行のための言語コミュニケーション能力」というのはどういうことですか。「課題」の意味も教えてください。

A 私たちは生活の中で、例えば「地図を見ながら目的の場所まで行く」とか「説明書を読みながら電気製品を使う」というような様々な「課題」に取り組んでいます。「課題」の中には、言語を必要とするものと、そうでないものがあります。
言語を必要とする「課題」を遂行するためには、文字・語彙・文法といった言語知識だけでなく、その言語知識を利用してコミュニケーション上の課題を遂行する能力も大切です。「課題遂行のための言語コミュニケーション能力」は、この両方を含んでいます。日本語能力試験では、文字・語彙・文法などの言語知識と、読む・聞くなどの言語行動（課題）がどこまでできるかという能力を総合的に測っています。
日本語能力試験の改定にあたり、旧試験※1の応募者に、受験願書を通じて、所属や受験目的などについてのアンケート調査を行いました。その調査結果から、「学習」「就業」「生活」の3つの領域において、日本語学習者が日本語を用いて、どんなことを行っているか、または将来行うと予想されるか、という「課題」を推測しました。この「課題」は、日本語能力試験の応募者のうち、約8割が海外の応募者であることも考慮して、学習者が多様な学習環境で出会う、現実の場面の様々なトピックを想定しています。

（2）レベルについて

Q1 受験するレベルはどのように決めればいいですか。

A1 72ページの「認定の目安」を参考にしてください。また、この『日本語能力試験公式問題集』で実際に試験に出る同じ形式の問題を解きながら、具体的にレベルを確かめることもできます。
また、旧試験を受けたことがあったり、旧試験の情報がある場合、今の試験のレベルは、旧試験の級と合否判定水準（合格ライン）において対応していますので、それも手がかりになります。

※1　2009年までの、改定前の日本語能力試験のこと。

Q2 日本語能力試験は、2010年に改定されたとき、問題形式が変更されたり新しい問題形式が追加されたりしましたが、今の試験のレベルと旧試験の級とはどのように合わせたのですか。

A2 今の試験では、統計分析の結果を踏まえて、合否判定水準（合格ライン）が旧試験とほぼ同じになるように設定しました。これにより、旧試験の1級、2級、3級、4級に合格できる日本語能力を持った受験者は、それぞれ今の試験のN1、N2、N4、N5に合格できる日本語能力を持っていると解釈できます。2010年に新設されたN3については、旧試験の2級と3級の合否判定水準における日本語能力レベルを統計学的に分析し、この間にN3の合格点が収まるように設定しました。

＜参考＞今の試験のレベルと旧試験の級の対応

N1	旧試験の1級とほぼ同じ。
N2	旧試験の2級とほぼ同じ。
N3	旧試験の2級と3級の間。
N4	旧試験の3級とほぼ同じ。
N5	旧試験の4級とほぼ同じ。

（3）試験科目や試験時間について

Q1 N3、N4、N5では、「言語知識」が、「言語知識（文字・語彙）」と「言語知識（文法）・読解」のように2つの試験科目に分かれているのはどうしてですか。

A1 N3、N4、N5は習得した言語知識がまだ少ないため、試験に出せる語彙や文法の項目が限られています。そのため、N1とN2のように1つの試験科目にまとめると、いくつかの問題がほかの問題のヒントになることがあります。このことを避けるために、N3、N4、N5では「言語知識（文字・語彙）」と「言語知識（文法）・読解」の2つの試験科目に分けています。

Q2 日本語能力試験には、会話や作文の試験がありますか。

A2 現段階ではどちらもありません。

（4）試験問題について

Q1　日本語能力試験の解答方法は、すべてマークシートですか。

A1　はい、多枝選択によるマークシート方式です。選択枝の数はほとんど4つですが、「聴解」では3つの問題もあります。

Q2　N1とN2の「聴解」の最後の問題で、問題文に、「この問題には練習はありません」と書かれています。これはどういう意味ですか。

A2　「聴解」のほかの問題には、受験者に問題形式や答え方を理解してもらうための例題がありますが、最後の問題にはそのような例題の練習がない、ということです。

Q3　日本語能力試験では、日本に関する文化的な知識が必要な問題が出題されますか。

A3　日本に関する文化的な知識そのものを問う問題はありません。文化的な内容が問題に含まれる場合もありますが、その知識がなければ解答できないような問題は出題していません。

（5）試験のための勉強について

Q1　過去に出題された試験問題は出版されますか。

A1　毎回の試験をそのまま問題集として出版することはしませんが、今後も一定期間ごとに、過去に出題した試験問題を使って問題集を発行する予定です。発行時期などは、日本語能力試験公式ウェブサイト〈www.jlpt.jp〉などで発表します。

Q2　2010年に試験が改定されてから、『出題基準』が非公開になったのはなぜですか。

A2　日本語学習の最終目標は、語彙や漢字、文法項目を暗記するだけではなく、それらをコミュニケーションの手段として実際に利用できるようになることだと考えています。日本語能力試験では、その考え方から、「日本語の文字・語彙・文法といった言語知識」と共に、「その言語知識を利用して、コミュニケーション上の課題を遂行する能力」を測っています。そのため、語彙や漢字、文法項目のリストが掲載された『出題基準』の公開は必ずしも適切ではないと判断しました。

『出題基準』の代わりの情報として、「認定の目安」（72ページ）や「問題の構成と大問のねらい」（79 ～ 84 ページ）があります。公開している問題例も参考にしてください。また、今の試験のレベルは、旧試験の級と、合否判定水準（合格ライン）において対応していますので、旧試験の試験問題や『出題基準』も手がかりになります。

（6）申し込みと受験の手続きについて

Q1　**試験は年に何回実施されますか。**

A1　7月と12月の2回です。ただし海外では、7月の試験だけ実施する都市や、12月の試験だけ実施する都市があります。詳しくは、日本語能力試験公式ウェブサイト〈www.jlpt.jp〉を見てください。

Q2　**試験の日は決まっていますか。**

A2　7月と12月の初旬の日曜日に行います。（ただし海外では、7月の試験だけ実施する都市や、12月の試験だけ実施する都市があります。）

Q3　**一部の試験科目だけ申し込むことはできますか。**

A3　できません。

Q4　**自分が住んでいる国や都市で日本語能力試験が実施されるかどうか、どうすればわかりますか。**

A4　日本語能力試験の海外の実施国・地域や実施都市については、日本語能力試験公式ウェブサイト〈www.jlpt.jp〉で確認できます。日本国内の実施都道府県については、日本国際教育支援協会の日本語能力試験ウェブサイト〈info.jees-jlpt.jp〉で確認できます。

Q5　**申し込みのとき、試験を受けたい国・地域にいませんが、どうしたらいいですか。**

A5　必ず、受験地の実施機関に申し込みをしてください。自分で申し込みができなかったら、受験地の友達や知っている人に頼んでください。

Q6　日本語能力試験はどんな人が受験できますか。

A6　母語が日本語でない人なら、だれでも受験できます。年齢制限もありません。

Q7　日本国籍を持っていますが母語は日本語ではありません。受験はできますか。

A7　母語が日本語でない人なら、だれでも受験できます。日本国籍を持っているかどうかは関係がありません。言語を使う状況は人によって違うので、その人の母語が日本語でないかどうかは、申し込みを受け付ける実施機関が判断します。迷ったら、実施機関に相談してください。

Q8　身体等に障害がある人の受験はできますか。

A8　はい、できます。身体等に障害がある人のために、受験特別措置を行っています。受験地の実施機関に問い合わせてください。受験特別措置を希望する人は、申し込みのとき、願書と共に「受験特別措置申請書」を提出することが必要です。

（7）得点と合否判定について

Q1　試験の結果を受け取ると、N4、N5 では、試験科目が別々だった「言語知識（文字・語彙）」と「言語知識（文法）・読解」が、1つの得点区分にまとまっています。なぜですか。

A1　日本語学習の基礎段階にある N4、N5 では、「言語知識」と「読解」の能力で重なる部分、未分化な部分が多いので、「言語知識」と「読解」の得点を別々に出すよりも、合わせて出す方が学習段階の特徴に合っていると考えたためです。

Q2　それぞれの得点区分の中で、各問題の配点はどのようになっていますか。

A2　試験の中には、各問題の配点を決めておき、正解した問題の配点を合計して、得点を出す方式もありますが、日本語能力試験では、「項目応答理論」に基づいた尺度得点方式なので、問題ごとの配点を合計するという方法ではありません。尺度得点についての説明は 77 ～ 78 ページを見てください。

Q3 **結果通知をもらい、得点はわかりましたが、自分が受験者全体の中でどのくらいの位置だったのか知りたいです。**

A3 日本語能力試験公式ウェブサイト〈www.jlpt.jp〉に、「尺度得点累積分布図」というグラフが載っています。合否結果通知書に書かれている尺度得点とこのグラフを使うと、自分と同じ試験を受けた受験者全体の中で、自分がどの位置にいるかを知ることができます。

Q4 **試験の問題用紙は、試験終了後、持ち帰ることができますか。**

A4 試験の問題用紙を持ち帰ることはできません。問題用紙を持ち帰ると失格になります。

Q5 **試験が終わった後で、正解を知ることはできますか。**

A5 正解は公開していません。

Q6 **成績をもらったら、思っていた得点と違ったのですが、確かめてもらえますか。**

A6 一人一人の得点は、機械処理だけではなく、専門家による厳正な点検をして出しています。受験案内に明記されているように、個別の成績に関する問い合わせには、一切答えられません。

なお、日本語能力試験の得点は「尺度得点」という得点です。「尺度得点」は、77～78ページの説明のとおり、受験者一人一人の「解答のパターン」をもとに出す得点です。「正しく答えた数」から出される得点ではありません。そのため、自分で思っていた得点とは違う結果になることもあります。

（8）試験の結果通知について

Q1 **試験の結果はいつ、どのようにもらえますか。**

A1 受験者全員に、合否結果通知書を送ります。日本国内の場合、第1回（7月）試験の結果は9月上旬、第2回（12月）試験の結果は2月上旬に送る予定です。海外の場合は、受験地の実施機関を通じて送りますので、第1回（7月）試験の結果は10月上旬、第2回（12月）試験の結果は3月上旬に受験者に届く予定です。また、2012年からは、インターネットで試験結果を見られるようになる予定です。詳しくは、2012年9月上旬に日本語能力試験公式ウェブサイト〈www.jlpt.jp〉に掲載します。（ただし、日本国内ではインターネット〈info.jees-jlpt.jp〉による申し込みを行った受験者だけが、試験結果を見ることができます。）

Q2　日本語能力試験の認定に有効期限はありますか。

A2　日本語能力試験の認定に有効期限はありません。また、旧試験の結果（認定）も無効にはなりません。ただし、試験の結果を参考にする企業や教育機関が有効期限を決めている場合があるようです。必要に応じて企業や教育機関に個別に確認してください。

Q3　日本語能力試験の結果は、日本の大学で入学試験の参考資料として使われますか。また、就職のときに役に立ちますか。

A3　日本の大学では、原則として独立行政法人日本学生支援機構が実施する「日本留学試験」の結果を参考にしています。「日本留学試験」を実施していない国・地域からの留学生のために、日本語能力試験の結果を参考にする場合もあります。詳しくは、入学を希望する大学に直接問い合わせてください。また、就職のときの扱いについては、就職したいと考えている企業に直接問い合わせてください。

Q4　勤務先から日本語能力を公的に証明できる書類を提出するように言われました。過去の受験結果について、証明書の発行が受けられますか。

A4　所定の手続きを行えば、希望者には「日本語能力試験認定結果及び成績に関する証明書」を発行しています。申請方法は、日本で受験した人は日本国際教育支援協会のウェブサイト〈info.jees-jlpt.jp〉を見てください。海外で受験した人は日本語能力試験公式ウェブサイト〈www.jlpt.jp〉を見てください。

Q5　合否結果通知書や日本語能力認定書をなくしてしまったのですが。

A5　再発行はできませんが、その代わりに「日本語能力試験認定結果及び成績に関する証明書」を発行することはできます。申請方法は、日本で受験した人は日本国際教育支援協会のウェブサイト〈info.jees-jlpt.jp〉を見てください。海外で受験した人は日本語能力試験公式ウェブサイト〈www.jlpt.jp〉を見てください。

(9)『日本語能力試験 Can-do 自己評価レポート』について

Q1 「認定の目安」と『日本語能力試験 Can-do 自己評価レポート』はどのように違うのですか。

A1 「認定の目安」は日本語能力試験が各レベルで求めている能力水準を示すものです。これに対して、『日本語能力試験 Can-do 自己評価レポート』は受験者からの情報です。各レベルの合格者が「自分は日本語でこういうことができると思う」と考えている内容を表しています。つまり、合格の基準やレベルの水準ではありません。「このレベルの合格者は日本語を使ってどんなことができそうか」というイメージを作るための参考にしてください。

Q2 『日本語能力試験 Can-do 自己評価レポート』に書いてあることは、そのレベルに合格した人みんなができると考えていいですか。

A2 いいえ。これは、合格した人が「・・・ことができると思うか」という質問に対して、4段階の自己評価を行ったものです。表の数字はその平均値です。ですから、できることを正確に表したものではなく、そのレベルに合格した人みんなが必ず「できる」と保証するものでもありません。けれども、合格した人がどのようなことを「できる」と思っているかはわかるので、受験者やまわりの人々の参考情報にはなると思います。

Q3 試験科目には「会話」や「作文」などがないのに、『日本語能力試験 Can-do 自己評価レポート』に「話す」と「書く」の技能に関する記述があるのはなぜですか。

A3 『日本語能力試験 Can-do 自己評価レポート』は、アンケート調査をもとに、各レベルの合格者が日本語を使ってどのようなこと（聞く・話す・読む・書く）ができると考えているかをまとめたものです。日本語能力試験では会話や作文の試験は行っていませんが、受験者やまわりの人々の参考になるように、「話す」と「書く」の技能も含めて調査を行い、レポートにしました。

Q4　受験料、申し込み期限、願書の入手方法など、申し込みのための具体的な手続きを教えてください。

A4　日本で受験したい人は日本国際教育支援協会のウェブサイト〈info.jees-jlpt.jp〉を見てください。海外で受験したい人は受験地の実施機関に問い合わせてください。海外の実施機関は日本語能力試験公式ウェブサイト〈www.jlpt.jp〉で確認できます。

(10) その他

Q1　日本語能力試験の主催者はどこですか。

A1　国際交流基金と日本国際教育支援協会です。

国内においては日本国際教育支援協会が、海外においては国際交流基金が各地の実施機関の協力を得て、実施しています。

台湾では、財団法人交流協会との共催で実施しています。

Q2　日本語能力試験の試験問題の著作権は、だれが所有しますか。

A2　試験問題の著作権は、主催者の国際交流基金と日本国際教育支援協会が所有します。

Q3　今後、日本語能力試験の情報はどこでわかりますか。

A3　日本語能力試験公式ウェブサイト〈www.jlpt.jp〉で随時更新を行います。

日本語能力試験　公式問題集　N4

2012 年　3 月 31 日　初版第 1 刷発行
2020 年　3 月　1 日　初版第 9 刷発行

著作・編集　独立行政法人　国際交流基金
〒160-0004　東京都新宿区四谷 4-4-1
電話　03-5367-1021
URL　https://www.jpf.go.jp/

公益財団法人　日本国際教育支援協会
〒153-8503　東京都目黒区駒場 4-5-29
電話　03-5454-5215
URL　http://www.jees.or.jp/

日本語能力試験公式ウェブサイト
URL　https://www.jlpt.jp/

発行　株式会社　凡人社
〒102-0093　東京都千代田区平河町 1-3-13
電話　03-3263-3959
URL　http://www.bonjinsha.com/

印刷　倉敷印刷株式会社

ISBN 978-4-89358-820-3